企业经营实务操作百宝箱

企业人事招聘与绩效考核

陈萍萍◎著

清华大学出版社

北京

图书在版编目（CIP）数据

企业人事招聘与绩效考核 / 陈萍萍著 . —北京：清华大学出版社，2021.7
（企业经营实务操作百宝箱）
ISBN 978-7-302-56840-7

Ⅰ.①企… Ⅱ.①陈… Ⅲ.①企业管理－人事管理 Ⅳ.① F272.92

中国版本图书馆 CIP 数据核字（2020）第 227944 号

责任编辑：刘志彬
封面设计：孙至付
责任校对：宋玉莲
责任印制：沈　露

出版发行：清华大学出版社
　　　　　网　　　址：http://www.tup.com.cn，http://www.wqbook.com
　　　　　地　　　址：北京清华大学学研大厦 A 座　　邮　　编：100084
　　　　　社 总 机：010-62770175　　　　　　　邮　　购：010-62786544
　　　　　投稿与读者服务：010-62776969，c-service@tup.tsinghua.edu.cn
　　　　　质 量 反 馈：010-62772015，zhiliang@tup.tsinghua.edu.cn
印 装 者：三河市金元印装有限公司
经　　销：全国新华书店
开　　本：170mm×240mm　　　印　　张：18　　　字　　数：249 千字
版　　次：2021 年 7 月第 1 版　　　　　　　印　　次：2021 年 7 月第 1 次印刷
定　　价：69.00 元

产品编号：088453-01

企业的人才招聘、入职管理、离职管理是一个完整的人才管理系统。其中，人才招聘和绩效考核工作的好坏，与企业经营的好坏有着很大的关系，对企业的未来发展也起着重要的作用。

如何学好人才招聘和绩效管理理论知识，并做好这两方面的实践工作，是现代企业人力资源从业者非常关注的问题。而写作这本书的目的就是，帮助人力资源从业者解决这两方面的问题。

我们希望广大人力资源从业者通过这本书，既能掌握人才招聘和绩效管理的基础理论知识，又能快速上手操作，从而尽快成为一名人力资源管理工作达人。

为了达到这一效果，本书从内容、案例、模板三方面入手，精心为读者剖析了人才招聘和绩效管理这两方面的知识。

第一，内容全面，实操性强。本书内容几乎涵盖了人力资源部门在招聘和绩效方面的所有工作流程，并且针对一些容易出现错误、非常重要的问题进行了细节分析和指导。

第二，简单易学，案例丰富。本书不同于传统的理论式书籍，它通过大量的实操案例，详细阐述了如何在实际生活中进行招聘、考核，其目的在于让人力资源从业者能够看得懂、学得会、用得着，轻轻松松掌握人才招聘与绩效考核的知识与实践方法。

第三，模板齐全。本书结合现实企业情景，绘制了大量的表格、样例、图表等人力资源实操相关资料。通过这些模板，人力资源从业者再也不用为找模板、找资料而绞尽脑汁，真正做到让人力资源从业者拿来就用。

本书具体的内容结构如下。

第一部分：企业人才引进全流程演练（第一章至第八章）

第一章：人才筹划

没有前瞻性的招聘目的必然会错过最佳的招聘时间。本章针对人才筹划的目的，向读者介绍了不同招聘目的下，企业应当采用哪种招聘方式引进人才，以及不同招聘方式下招聘启动的时机。学完本章，读者应当摒弃单一的招聘方式，建立基于企业战略下的招聘新思路。

第二章：招聘准备

实施招聘之前，企业应当做好下列准备工作：确定招聘责任人、明确各部门在招聘中的职责。针对这一问题，本章叙述了不同部门在招聘工作中的角色分工，以及各部门的招聘工作流程。通过本章，读者可以清晰地了解招聘这件事到底由谁来做，具体需要做些什么。

第三章：招聘渠道

本章主要介绍人才招聘的各类渠道，并仔细分析了各类渠道的特点和优劣势。选择招聘渠道时，人力资源从业者应当将自己定位于招聘经理的角色，从专业的角度分析和甄选招聘渠道，其最终目的是用最低的成本招聘最优秀的人才。

第四章：招聘策略

招聘工作有一定的章法可循。招聘预算、招聘信息发布、资格筛选等都需要一定的策略。本章从整个招聘工作会遇到的问题入手，分别分析了各方面的策略。运用这些策略，人力资源从业者在招聘工作中会取得事半功倍的效果。

第五章：岗位胜任能力测试

要想决定招聘什么样的人才，首先要了解企业需要何种能力的人才。本章首先介绍了岗位需求模型的建立方法，然后逐步分析了各岗位需要何种能力的人才，也就是什么样的人才才能胜任所招聘岗位，最后通过大量

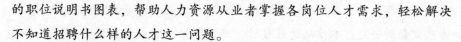

的职位说明书图表，帮助人力资源从业者掌握各岗位人才需求，轻松解决不知道招聘什么样的人才这一问题。

第六章：面试实务

本章从面试官角度，为人力资源从业者分析了包括面试流程、面试官选择、录用流程、面试评估的整个面试过程。面试是一个双方选择的过程，要想甄别出优秀人才，并将这些人才成功收入公司"囊"中，就不得不掌握面试过程中的每项工作。

第七章：入职建档

新员工入职初期是离职的高危期，根据数据统计，招聘工作者如果能做好新员工入职后的关键期管理工作，新员工离职率能够降低60%以上。本章介绍了新员工入职可能会出现的情况以及新员工入职期间会出现的问题，帮助人力资源从业者降低员工离职率。

第八章：入职培训

入职培训期间，人事（HR）需要做些什么？本章针对这一问题，介绍了HR在培训期间需要做的具体工作以及员工培训需求分析、培训模型建立、培训效果评估方法。通过本章，HR需要做到用培训为公司留住优秀人才。

第二部分：人才管理和绩效考核工具箱（第九章至第十二章）

第九章：薪酬设计

员工最关心的问题就是公司的薪酬。如何设计员工的工资、奖金、津贴、福利等薪酬是HR的必修课。本章通过大量的案例，详细叙述了员工的工资、奖金、津贴等薪酬的设计方法，让HR不再为怎样设计员工薪酬才能让员工满意这一问题而烦恼。

第十章：薪资奖金

密密麻麻的工资单是很多员工的噩梦，帮员工算清工资、奖金和所得税，让员工可以看懂自己的工资单也是HR工作的一部分。针对这一部分，本章用清晰明了的语言介绍了工资、奖金和所得税的计算方法。

第十一章：绩效考核

一个高效可行的绩效管理体系可以让公司充满激情和活力。反之，如果公司没有一个有效的绩效管理体系，公司的员工则会像一盘散沙，没有办法凝聚到一起。本章从绩效目标、绩效方法、绩效评估三方面阐述了绩效管理的方法，让 HR 可以掌握高效可行的绩效管理方法。

第十二章：激励机制

本章通过分析不同类型企业适用的激励机制，为 HR 介绍了有效激励机制的建立方法。运用这些激励机制，可以让企业充满活力，促进企业更好地发展。

学好人力资源不是看一篇文章，听一句话就够了的，而是需要边学边用。只学不用是假把式，只用不学是傻把式。在学和用的过程中，根据实际情况灵活处理人才招聘和绩效管理问题，才是真把式。希望通过本书，广大人力资源从业者都能拥有真把式！

陈萍萍

2020 年 9 月 30 日

扫码获取附赠表格

目录

第二部分
人才管理和绩效考核工具箱

第一部分

企业人才引进全流程演练

第一章　人才筹划：为何种目的引进人才

第一节　战略性人才引进

案例：

A公司是一家大型服装公司，旗下拥有数千家服装实体店。在电子商务兴起之际，公司打算预设电子商务业务组，等以后时机成熟后，再把该组建设成电子商务部。人力资源部的小张根据公司的计划，进行了一次招聘。

经过面试筛选后，小张留下了高先生和孙先生两位候选人，并让他们进行复试。其中，高先生认为公司成立电子商务业务组后就应该独立出来，然后立刻在线上渠道设计专门的货品。小张认为高先生的想法太过急进，于是选择了有电子平台销售经验、思路比较保守的孙先生。

3年后，电子商务迅速发展，电子平台成为企业销售的主战场。A公司立即成立电子商务部，但此时的电子商务人才非常难找，并且身价还特别高，一时之间A公司难以在电子平台站住脚跟。A公司的领导认为小张缺乏战略性眼光，于是训斥了小张，小张因此委屈不已。

人力资源的价值在于执行公司战略，打造能够驱动公司赢得竞争的组织能力。案例中的小张之所以被领导训斥，是因为他在挑选人才的时候缺乏基于战略的人力资源规划，只考虑到了公司布置的招聘任务，而没有考虑公司的战略思维。

在现实中，很多人事（HR）和小张一样，在招聘方面有很多苦恼。明明领导很重视人力资源，可是好像怎么做都不能让他满意。每天忙得团团转，结果却总是遭受业务部门的嫌弃。HR因此疑惑，到底什么样的招聘才能让领导满意呢？对于当前大部分的公司来说，战略性招聘才是招聘的风向标。

战略性招聘是指在企业整体战略规划下，确保人力资源部能够在适当的地点、适当的时机可持续地提供适当的人才，进而满足公司短期和长期的商业目标。简单来说，就是HR根据公司的未来战略和发展，确定什么时间招聘什么样的人才。

战略性招聘的具体步骤如下：

第一步，明确企业战略性目标。战略性招聘不是单纯地考虑员工的人数，它还要根据企业未来的商业目标选贤任能。具体来说，企业进行战略性招聘时，需要考虑以下几方面的问题：

1. 企业在不同阶段需要什么样的人才？

2. 这些人才需要在什么时候用？

3. 这些人才哪些需要从内部选拔，哪些需要从外部招聘？

4. 公司是否拥有足够的资金？

第二步，制订招聘计划。企业在招聘时，往往会受到两方面因素的影响：一是企业战略目标要求；二是企业氛围、环境和制度对新进人才的制约。HR应当审视企业的内部和外部资源，判断企业能够支持、吸纳什么样的人才，以此来确立招聘要求。

具体的思路方法为，先梳理企业目前的管理环境和相关的规章制度，然后对比每项战略计划和企业可提供的支持资源，建立内部定向培养人员的名单和内培计划，最后制定外部招聘的渠道和时间规划。

第三步，确定职位需求。进行战略性招聘的关键在于确定哪个部门需要招聘，具体需要多少人。通常在企业发布战略规划之后，年度招聘计划之前，人力资源部和企业高层管理会共同制定职位需求预测表。（如表 1-1 所示）

表 1-1　职位需求预测表

职位类别	需求数量	对应业务	发起时间	人才稀缺性	招聘周期	启动招聘时间	招聘渠道
合伙人							
事业部负责人							
新业务启动人							
板块负责人							
专业人才							
销售人员							
制造人员							
行政人员							
其他							

职位需求预测表的具体内容需要经过反复的测算和修改，直到能够实现可以由战略推导需求，由需求倒推战略，职位需求预测表才算合格。

战略性招聘除了根据岗位需求来进行人才招聘之外，还囊括因人设岗的价值型人才招聘和竞争性招聘两种招聘方式。

因人设岗的价值型人才招聘，是指因为合适的人才设立相应的岗位。比如，某公司本来没有资金经理职位，但是人力资源部在招聘的过程中发现，有一位应聘者有银行资源，并且具备资源运作能力，那么公司就可以考虑因为这个人增设资金经理职位。

因人设岗对 HR 的要求比较高。在招聘中可以因人设岗的 HR 需要具备以下几方面才能：有全局观；对公司的运作模式和业务板块的运营状况比较了解；对人才价值的敏感度比较高；敢于打破常规。

值得注意的是，适当的因人设岗能为企业锦上添花，但是不当的因人设岗则可能会给企业带来冲击，甚至降低企业组织的效率。因此，进行因人设岗的 HR 还需要有远见性人才预判的能力。

竞争性招聘是指基于人才或者企业与企业之间的业务竞争进行的招聘。竞争性招聘主要不是为了企业发展吸纳人才，而是让对手失去人才，进而削弱对手在市场上的竞争能力。

企业采取竞争性招聘的情况有以下两种：一是对手推出与公司相同的业务时，企业可以将行业内能够快速推进对手业务的人才招聘过来，让对手没有人才可用；二是当对手推出一项新业务时，企业可以将对手的最优领导人吸纳过来，削弱对手的实力。

竞争性招聘只适用于关键人才，企业的大量一线工人等岗位无须进行竞争性招聘。另外，行业内一般不鼓励使用竞争性招聘。因为竞争性招聘虽然可以阻碍对手公司的业务发展，但是也会增加本公司的人力和组织管理成本，也可以说是一种两败俱伤的招聘方式，所以不到关键时刻，企业最好不要使用这种招聘方式。

第二节　补充性人才引进

案例：

M 公司人力资源部的小高，主要负责招聘工作。最近，公司刚刚成立了电子商务部，公司领导将一部门老员工直接并入商务部后，要求小高从外部招聘一批新员工以及商务部负责人。

　　小高用了两个月的时间，招聘到商务部成员一半的数量时，商务部负责人才招聘到位。这时，新上任的商务部负责人对小高招聘的员工不满意，在复试时刷掉了1/3。小高很是无奈，又花了整整3个月的时间，才勉强将商务部的员工补全。

　　可是，这时商务部因为员工没有及时到位，没有完成原定的业务目标，因此商务部投诉人力资源部人员招聘不及时。小高辛辛苦苦忙了好几个月，结果没有落到一点好处，为此十分郁闷。

　　在上面的案例中，M公司成立商务部后，由于新组织成员空缺，要求人力资源部进行补充招聘。然而，小高在招聘过程中，没有分清招聘员工的主次顺序，不仅增加了公司的招聘成本，而且还延误了新部门的业务展开，可见这次招聘是非常失败的。

　　企业的人力资源状况总是处在变化之中，组织变革、人事调动等原因都有可能导致企业人力资源不足。这时，企业就要补充"新鲜血液"，使企业可以保持生机与活力，从而顺利进行组织创新和管理革新。

　　在这种情况下，企业进行的招聘就属于补充性招聘。补充性招聘是指企业有明确的人才缺位需求时的招聘。补充性招聘虽然是公司根据自身情况临时发起的招聘，但是它也有一定的章法可循。

　　具体来说，公司的补充性招聘分为两种，一种是计划内需求的补充招聘；另一种是临时性需求的补充招聘。

一、计划内需求的补充招聘

　　计划内需求的补充招聘是指企业出现确定性缺编，即已有职位编制但是员工出现空缺时，人力资源部按照空缺的情况和员工到位时间等因素，制订补充性招聘计划并进行招聘的一种招聘方式。

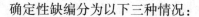

确定性缺编分为以下三种情况：

1. 计划性缺编

计划性缺编是指企业根据业务发展规划，计划针对某些职位进行招聘。计划性招聘通常是人力资源部根据已经确定的缺编职位、职位需求时间以及职位招聘预算，发起补充招聘需求。计划性缺编发起后，用人部门应当根据业务开展的情况进行调整和确认。

2. 策略性缺编

策略性缺编是指部门故意空出某个职位不进行招聘，其目的是营造激励氛围或者制造内部竞争。当用人部门提出策略性缺编后，人力资源部门应当与用人部门共同商定是否进行补充招聘、何时进行补充招聘以及招聘的具体流程等事宜。由于策略性缺编主要是为了激发员工的斗志和工作热情，所以一般情况下，人力资源部可以不进行补充招聘。

3. 流失性缺编

流失性缺编是指公司员工因为退休、解雇、降职、辞职等诸多因素，导致某些职位产生空缺的情况。流失性缺编具有临时性和紧急性，人力资源部需要在员工提出离职或公司提出解除合同时，就开始准备补充招聘事宜。通常，人力资源部与用人部门沟通的顺畅程度以及公司储备性招聘进展直接影响着流失性缺编的补充招聘进度。

二、临时性需求的补充招聘

临时性需求的补充招聘是指企业发生战略性改变或者由于业务发展缺编而进行的补充性招聘。

1. 战略改变产生的临时性招聘

当企业的战略方向或业务方向发生改变，或者新增业务时，企业经常会新增事业部或者并购原有业务，这时企业就会产生相应的人员需求。前文中 M 公司因为新成立电子商务部而进行的招聘，就属于因为战略改变产生的临时性招聘。

通常，企业战略改变的周期比较长，所以在这种情况下的补充招聘不是很紧急，人力资源部一般有两个月的招聘期。但是这类招聘往往对人才有定向要求，所以人力资源部在招聘时最好借助猎头等服务机构来完成招聘任务。

2. 业务发展缺编产生的临时性招聘

企业在业务开展的过程中，在发生临时性促销、临时性订单增加或者临时性调整合约时，可能会出现缺少员工的情况，这时企业就会发起临时性招聘以补充人员。

企业业务发展出现临时性状况时，对员工人数需求比较大，时间也比较紧急，但一般对员工职位的要求比较低，所以人力资源部在进行这种临时性招聘时，可以借助劳务中心等人才服务机构解决招聘问题。

第三节　储备性人才引进

案例：

高泽原本在一家 IT 企业担任项目总监，后来猎头公司找到高泽，推荐他去 H 公司任新产品项目总监，高泽犹豫再三后决定跳槽到 H 公司试一试。不过，这时 H 公司的高管告诉高泽，新产品事业部还在筹建期，需要在三个月后才能正式任职。

高泽心想，反正现在也没辞职，正好利用这个机会考察一下 H 公司，于是便答应了 H 公司的录用邀约。在等待入职期间，H 公司多次邀请高泽参加公司的研讨会，并让高泽以业务顾问的身份发表意见和建议。

这样一来，高泽慢慢消除了对 H 公司的疑心。等到还有一个月就要任职的时候，高泽向原公司提出离职请求。一个月后，高泽顺利进入了 H 公司。

在上面的案例中，H 公司在新产品事业部筹建期，通过猎头公司将高泽招聘到公司，这种招聘方式就是储备性招聘，它是为了满足企业的人才需求，提前进行招聘的一种招聘方式。

储备性招聘对 HR 的要求比较高，因为储备性招聘不仅要考虑职位招聘的必要性，还要考虑招聘人才所需的成本与前期准备，以及储备人才的稳定性。由此可见，储备性招聘并非一件易事。

一名 HR 要想做好储备性招聘，必须考虑好以下三方面问题。

一、启动储备性招聘的时机

人力资源部在进行储备性招聘之前，首先要明确储备性招聘的时机，进而做出周全的招聘计划。一般来说，企业出现以下几种情况时，会考虑进行储备性招聘。

1. 储备战略性人才

战略性人才往往不在企业的职位结构图中，但是他们在企业中通常能够起到如虎添翼的作用。当企业没有战略性人才时，其业务不会受到影响。但是如果企业拥有战略性人才，那么企业就可能会在某个方向或者某个领域得到飞跃式发展。

基于此，人力资源部在掌握企业战略布局的情况下，应当时刻留意战略性人才。一旦在招聘中发现此类人才，就要当机立断，将其招聘到位，从而提前为公司的业务发展以及业务推进储备足够的人才。

2. 关键技术人才储备

关键技术人才通常掌握着企业的核心技术，这类人才的流失很容易给企业带来巨大损失。人力资源部在进行储备性招聘时，应当不计成本地储备一些关键技术人才。这样，既可以防止在职关键人员跳槽威胁到公司发展，又可以降低现有关键人员对自身重要性的评估，增加他们对公司的忠诚度。

3. 计划内储备人才

企业业务发展过程中，如果计划内缺岗职位中存在一些市场稀缺的职位，如物流师、精算师、网络媒体人才等，人力资源部就要有意识地提前招聘此类人才，为公司进行储备。计划内储备人才的招聘周期比较长，人力资源部启动这类招聘的时机大概在计划到岗的前四个月。

4. 预判性储备招聘

预判性储备招聘是指人力资源部根据公司员工的评估结果，作出人员流失的预判，然后进行招聘的一种招聘方式。比如，人力资源部小 R 发现技术人员小 A 的业绩连续下滑，工作态度很消极，小 R 就可以提前招聘技术人员，以便小 A 流失后可以有人顶替他的工作。

预判性储备招聘可以保证公司人才流失时相应的储备人才可以及时补位，减少人员流失造成的损失。不过，如果 HR 预判失误，不仅会增加企业的人力成本，而且还会给企业造成一定的损失。

因此人力资源部在预判时，不仅要与用人部门保持良好的沟通，而且还要全方位地对预判的流失人员进行评估和沟通。此外，人力资源部

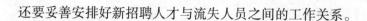

还要妥善安排好新招聘人才与流失人员之间的工作关系。

二、储备性人才的安置方式

储备性人才一般是公司为了防止人员流失而做的提前准备，也就是说，这类人才是公司未来所需要的人才，所以并不属于急需到岗的人才。为了保证这类人才可以按时到岗，公司需要妥善安置这些人才。

企业安置储备性人才时，可以使用以下方式：

1. 成立专项项目小组

公司招聘储备性人才后，可以根据企业的战略计划，提前成立专项项目小组，然后让储备性人才在小组中提前了解和熟悉项目内容，以便新项目开展后可以快速进入各自的岗位角色之中。

2. 进行专门培训

在储备性人才正式到岗之前，企业可以为这类人才做好职业规划，有针对性地对储备性人才进行培训。除此之外，人力资源部还可以根据职位特点，安排储备性人才进行轮岗实习，提前熟悉工作业务。

3. 安排临时性任务

对于近期无须到岗的储备性人才，公司可以安排其做一些临时性调查或项目协助等任务，并向其承诺到岗后待遇，稳定储备性人才的工作心态。

三、预防储备性人才流失

由于储备性人才是公司未来所需的人才，短时间内不会上岗，甚至不能拿到工资，所以在储备期间，这些人才很多可能会因为成就感和安全感过低选择离开。而要想真正在"用武之时"，发挥储备性人才的作用，人力资源部就要及时采取相应措施，预防储备性人才流失。

第一，让储备性人才担任业务顾问。在到岗之前，企业可以让储备性人才以业务顾问身份，参与到新项目的筹备中，并安排制定相关的方案报告，从而让储备性人才感受到该职位在企业中的价值。

第二，及时沟通和交流。人力资源部要与储备性人才经常沟通联系，及时了解他们的想法和建议。公司举办大型公开活动或召开内部综合会议时，人力资源部可以邀请储备性人才参与其中，增加他们对公司的信任感。

第三，让储备性人才提供相应的资源。人力资源部可以要求储备性人才为公司某方面的价值需求，提供相应的资源。如让储备性人才为公司员工做技术培训、引荐其他重要岗位的同事、约见之前的业务伙伴等。

通常，当储备性人才对新公司付出许多时，他们就会产生不能让自己的努力白费的心理，其忠诚度就会因此增加，流失率便会随之减少。

第四节　梯队建设性人才引进

梯队建设性人才引进就是梯队建设性招聘，在解释此种招聘方式之前，我们首先要搞懂梯队建设性人才的含义。所谓梯队建设性人才，就是在现有人才为公司创造价值的时候，提前培养这批人才的接班人。等到这批人才发生变动时，能够及时利用储备的人才补充上去。

由于在培养现有人员接班人的同时，公司也在对这批接班人的接班人进行培训或锻炼，久而久之，公司就会形成不同的人才。这些人才就像站在梯子上一样，有高有低，因此被形象地称为梯队。

梯队性建设人才对企业有着重大的意义，一支结构合理、层次衔接、错落有致的人才梯队，可以为企业提供源源不断的合格人才。在企业人才变动或流失时，梯队性建设人才才能及时顶替上去，为企业规避各类人才危机，实现企业可持续发展。

建设人才梯队的首要步骤就是进行梯队建设性人才引进，让更多层次不一的人才进入公司里面。在进行梯队建设性人才引进之前，HR 首先要搞懂三个问题：招聘时机、招聘步骤以及招聘渠道。

一、梯队建设性招聘时机

企业通常在以下三种情况下会进行梯队建设性人才引进。

一是新项目启动前，人力资源部会根据项目推进进程提前进行人才招聘。通常企业在启动新项目时，会提前在内部进行新项目关键人才的培养。等到新项目成熟后，企业就会将培养的人才直接调任到新项目中。

这时，这些人才的原有职位就会空缺出来，所以人力资源部要在新项目启动的前 9 个月，甚至前 1 年开始招聘人才，以便新项目开始后可以直接填补空缺职位。

二是企业有成熟的接班人培养计划，并且该培养计划已经成为管理人员的考核指标，由被考核人提出招聘需求。管理人员在接受培养后，就意味着该管理职位即将空缺，因此被考核人应该在真正补位前 1 年或者 2 年提出招聘需求，以便及时补充人才。

三是相关人员有职位变动意向时，相关人员的直接上级应当提出补位招聘需求。比如，技术部组长小王想要转到销售部，那么技术部经理就要提前半年提出补位招聘需求，并且在小王转去销售部的前 4 个月，保证新的技术部组长可以到职。

由于职位变动发起的补位招聘，一般由职位变动人员向上级提出内部提名建议。拿上述例子说就是，小王决定转部后，可以直接从技术部内部人员中挑选一名合适人员，将其推荐为技术部组长。

二、梯队建设性招聘步骤

梯队建设性招聘是一项长期的招聘工作，它考验的是人力资源部的长期规划能力。要想做到梯队补位人员要时能有、不要时不会富余，人力资源部则要掌握好梯队建设性招聘的实施步骤。

1. 人才盘点

进行梯队建设性招聘时，人力资源部首先要做的就是人才盘点。人才盘点时，人力资源部可以从员工的数量和质量两方面进行盘点。通过盘点结果，人力资源部就能清晰地了解到，企业哪些岗位人员比较多，哪些岗位人员比较少，哪些岗位的人员素质急需提升等。

只有通过人才盘点，人力资源部才能了解企业人力资源的现状和企业未来的发展规划，HR 才能进一步明确企业未来几年的人力资源需求，以及企业现在需要培养哪些岗位的人才梯队。

2. 人员选拔

明确需要招聘的岗位后，人力资源部就要开始选拔相应的梯队人才。通常企业在选拔梯队人才时以内部选拔为主，不过在内部没有合适的培养对象时，也可以考虑外部招聘。需要注意的是，人力资源一定要结合企业发展规划制定选拔标准，并且不仅要注重人才的知识技能，还要注重人才的发展潜力。

3. 培养计划

进行人才梯队性建设最关键的一步就是培养人才。人才选拔完毕后，人力资源部要根据培养岗位的胜任要求，以及人才的素质现状，制订专门的培养计划。比如，对梯队人才进行外派培训、委外进修、岗位轮换、自我学历及职称提升等。

4. 跟踪考核

在培养人才期间，人力资源部要加强对人才的管控，多与培养人以及指导老师、部门负责人沟通，及时了解人才的培养情况。如果培养计划出现偏差，人力资源部要及时根据实际培养情况进行调整。

每个培养阶段结束后，人力资源部都要对培养人才进行考核。阶段考核合格才可以进入下一阶段的培养，考核不合格则需要重新培养学习，多次考核不合格应当退出人才梯队。

5. 提拔任用

人力资源部应当及时将顺利通过考核的人员纳入人才库，并提拔到培养岗位。人才到岗之后，人力资源部还要做好培养人员的绩效评估，以此来检验梯队建设性招聘的有效性，同时为后期的人才培养提供依据。

三、梯队建设性招聘渠道

企业梯队建设性招聘渠道有三种：一是内部招聘；二是外部招聘；三是内外结合招聘。

1. 内部招聘

内部招聘又叫作内部培养，是指直接从公司内部找到适合补位的人才，按照外部招聘的程序对该内部人员进行面试和评估。通过招聘程序的内部人员，人力资源部会安排其进入梯队培养小组。

2. 外部招聘

内部没有合适的补位梯队人才时，人力资源部可以通过外部招聘选拔梯队人才。由外部招聘进入公司的人才，首先要进行常规的新职工入职培训，然后才可以进入梯队培养小组。

3. 内外结合招聘

当内部人员没有办法满足梯队人才所有职位需求时，人力资源部在进行内部选拔的同时，可以启动外部招聘。内外结合招聘方式可以形成内外竞争机制，提高人才的能动性和积极性。

梯队建设性招聘比较复杂，且工程比较庞大，并非是一朝一夕就可以完成的。在招聘过程中，人力资源部必须与职位变动者、用人部门以及公司最高负责人共同协作完成。

第二章　招聘准备：前期准备充分才能招到"随来即用"的人才

第一节　如何进行招聘预算计划

案例：

G公司是一家食品代理公司，这家公司计划在次年新增三个品牌的代理。基于此，该公司的总裁让人力资源部沈经理负责制订招聘计划，做好人员补充的准备。

沈经理按照要求，在年初就把招聘计划发给了相关渠道。然而，后来公司与其中两个品牌方的谈判失败了，第二年公司只新增了一个品牌，同时公司代理的一个老品牌退出了。这样一来，公司所需的只是一小部分的产品培训人员。

但由于人力资源部的招聘计划早早就开始实施了，其招聘成本比实际需要的招聘成本多出了5倍。公司总裁因此扣减了人力资源部40%的年薪。沈经理觉得十分委屈，一气之下选择了离职。

案例中的 G 公司因为招聘成本过高，导致企业受到严重影响，其根本原因在于企业招聘预算没有做好。招聘预算对企业至关重要，没有招聘预算的企业，就无法完成人力资源预算。人力资源预算一旦出现偏差，那么企业的招聘则会因为预算不足而无法顺利进行。

"凡事预则立，不预则废"，企业在招聘之前也是如此，只有提前制订好招聘计划及招聘预算，企业的每一分钱才会花得物超所值，其招聘工作才能起到事半功倍的效果。

企业的招聘计划通常是由人力资源部主导，企业负责人和各用人部门参与。相关部门依据企业整体岗位编制、企业人力资源战略规划、企业在职人员和流动预测、年度招聘预算，确定企业人员招聘数量、年度内各缺岗人员的到位时间、招聘成本预算以及招聘渠道规划。

招聘计划的具体步骤如下：

一、明确招聘计划编制原则

招聘计划的编制原则是在确保企业基础需求的基础上，制订企业招聘计划，从而满足企业战略性人才引进。

其具体编制顺序一般按照"人员缺岗总数—到位时间确认—分部门招聘计划—汇总招聘计划"的顺序来进行招聘安排。

二、编制缺岗总表

各部门将缺岗数据上报给人力资源部后，人力资源部需要按照缺岗总数计算公式编制企业缺岗总表。企业人员缺岗总数的计算公式为：

缺岗总数＝岗位编制－在岗人数＋战略性人才计划＋流动预测。（如表2－1所示）

表2－1　缺　岗　总　表

单位：人

	岗位编制	在岗人数	战略性人才	流动预测	缺岗人数
销售部					
财务部					
其他部门					
合计					
注：完成此表后，人力资源部需要采用倒推法对各部门数据进行复核					

三、编制缺岗核对表

测算出企业缺岗总数之后，人力资源部需要根据企业战略规划中的大型项目，再次核对缺岗总表（如表2－2所示）。确保企业招聘需求准确无误后，人力资源部应当对各部门人才到岗时间进行规划。如果各部门不清楚表格填制的方法，人力资源部可以对各部门进行表格填制的培训。

需要注意的一点是，人力资源部在填写各部门人才到岗时间时，必须要与用人部门进行确定并且以用人部门的意见为准，人力资源部不能越位填写。在与用人部门沟通时，人力资源部还需要提醒用人部门人才到职后的培训周期。

表2-2　某制造公司职位需求表

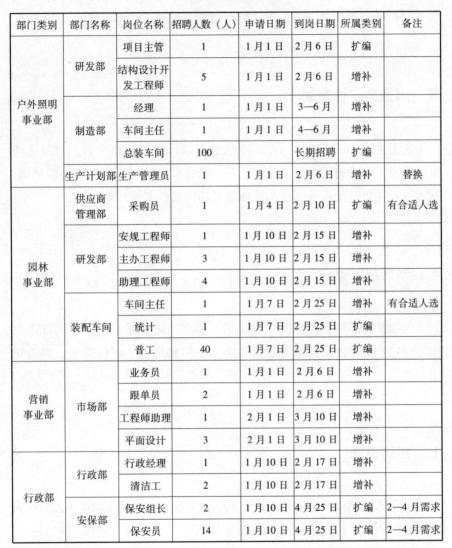

部门类别	部门名称	岗位名称	招聘人数（人）	申请日期	到岗日期	所属类别	备注
户外照明事业部	研发部	项目主管	1	1月1日	2月6日	扩编	
		结构设计开发工程师	5	1月1日	2月6日	增补	
	制造部	经理	1	1月1日	3—6月	增补	
		车间主任	1	1月1日	4—6月	增补	
		总装车间	100		长期招聘	扩编	
	生产计划部	生产管理员	1	1月1日	2月6日	增补	替换
园林事业部	供应商管理部	采购员	1	1月4日	2月10日	扩编	有合适人选
	研发部	安规工程师	1	1月10日	2月15日	增补	
		主办工程师	3	1月10日	2月15日	增补	
		助理工程师	4	1月10日	2月15日	增补	
	装配车间	车间主任	1	1月7日	2月25日	增补	有合适人选
		统计	1	1月7日	2月25日	扩编	
		普工	40	1月7日	2月25日	扩编	
营销事业部	市场部	业务员	1	1月1日	2月6日	增补	
		跟单员	2	1月1日	2月6日	增补	
		工程师助理	1	2月1日	3月10日	增补	
		平面设计	3	2月1日	3月10日	增补	
行政部	行政部	行政经理	1	1月10日	2月17日	增补	
		清洁工	2	1月10日	2月17日	增补	
	安保部	保安组长	2	1月10日	4月25日	扩编	2—4月需求
		保安员	14	1月10日	4月25日	扩编	2—4月需求

四、招聘渠道分析与规划

确认好企业的缺岗总数和到岗时间后，人力资源部需要根据各部门职位需求情况，分析和规划招聘渠道。招聘渠道主要分为外部招聘和内部招聘两种，本书第三章针对这两种招聘渠道进行了详细说明。

五、渠道适应性规划

人力资源部结合各部门招聘职位需求以及招聘渠道分析，对每个职位的渠道适应性进行规划。比如，对于销售部新员工，先进行销售培训，然后进行销售情景演练，逐步让新员工适应新的工作环境。

六、制订招聘计划

人力资源部依据各部门职位需求、需求时间和渠道分析，制订企业招聘计划。招聘计划具体包括招聘部门、招聘渠道、职位需求、渠道费用等内容。

七、招聘预算

招聘预算是招聘计划中的重要项目，它是核算招聘成本和指导资金规划的重要依据。预算成本不够或者预算成本过高，都会严重影响招聘的实施。

招聘预算分为招聘前预算、招聘中预算和招聘后预算三部分。其中招聘前的费用包括调研费、渠道费、布展费、道具费等；招聘中的费用包括测试道具费、测试软件费、聘请专家费、其他参与者工资等；招聘后的费用包括新员工安置费、文件成本费、培训成本费等。

企业招聘计划表和招聘费用预算表（如表2-3所示）合起来就是完整的企业招聘计划。企业依靠招聘计划来指导招聘工作，以及准备财务资金预算。

表2-3　招聘费用预算表

类别		费用发生项	单价(元)	次数	户数	不可预计费用（元）	总额（元）
招聘前	渠道调研	网络渠道数据购买					
		猎头渠道约谈					
		媒体渠道数据购买					
		合计					
	渠道购买	供应商 A					
		供应商 B					
		供应商 C					
		供应商 D					
		合计					
	招聘会布展	展区 A					
		展区 B					
		展区 C					
		合计					
	校企联合	奖学金					
		授课费					
		园区布展					
		合计					
	费用小计						
招聘中	面试	道具					
		旅程					
	测评	测评软件					
	分析	专家参与					
	费用小计						
招聘后	异地员工	旅程费					
		安置费					
	员工入职	入职文件					
		入职培训					
	费用小计						
	费用总计						

第二节　招聘信息的有效发布

案例一：

以下是某广告公司发布的招聘信息。

嗨，亲爱的！

如果你和现在的工作没得聊，不妨来我们这儿聊聊。

招聘我是认真的，谈恋爱都没有这么认真过，所以请温柔地对待我的面试邀约。

要知道，大部分人找工作都是从"试试看"到"非他不可"的，而我们公司的文案岗位就是你的"不二之选"。

同样是广告公司，我们这里不仅有令人心动的办公环境，让人心跳的工资收入，还有五险一金、佳节福利各类津贴。总之，只有你想不到的，没有我们提供不了的。

人生有很多种可能，勇敢尝试过，才会得到预料之外的惊喜。你确定不想投递一份简历，亲自探索一下未知的精彩吗？

如果你心动了，那就不要再犹豫了。

我们是那么需要你，需要你来负责撰写有料的文案/平面/视频作品，用文字为公司增光添彩……

找工作不是一朝一夕的事情，而是一辈子的事情。为了你的到来，我们在风里雨里，殷切地期盼着你！

案例二：

以下是某外卖公司发布的招聘信息。

招聘外卖调度员，月薪4 000元到5 000元。

主要工作内容：

1. 订单接收限时指派，并对派出的订单全程跟踪及异常处理；

2. 负责外卖骑手的加单、减单、协助处理异常工单。

职位要求：

1. 20~35 周岁女性；

2. 会电脑基本操作、表格制作；

3. 沟通能力强。

通过上面两则案例，我们可以看出，案例一中的某广告公司发布的招聘信息，语气真诚走心，通俗易懂。案例二中外卖公司发布的招聘信息只是将基本信息罗列了出来，显然第一种比第二种更能吸引求职者的眼球。

其实，现实生活中，我们接触更多的是第二种招聘信息。这些招聘信息大多千篇一律，没有新意，很难吸引到求职者，这就是很多企业发布招聘信息后，招不到人的原因之一。

企业发布招聘信息的主要目的是吸引目标求职者，增加求职者主动选择企业的概率。而如果企业在发布招聘信息时，只是单纯地将企业招聘需求和企业资料简单地罗列到一起，是很难达到最终的招聘目的的。

要想真正达到招聘信息发布的效果，企业需要掌握以下技巧。

一、明确招聘目的和目标

发布招聘信息的第一步是确定信息发布的对象和目的，然后围绕这一目的设计招聘信息。每个企业以及企业的不同阶段，其发布招聘信息的目的各不相同。

一些企业发布信息是为了维护企业形象，一些是为了宣传，甚至有的是为了制造繁荣稳定的表象。当然，这其中也不乏有很多企业是为了招揽人才。

不管企业发布招聘信息的目的到底是什么，在设计招聘信息时，企业都需要遵守两个基本原则：一是目的单一直接，二是明确目标对象。

第一，招聘信息的目的越单一，越容易达到发布的效果。而招聘信息的目的越多，越会让人觉得繁杂无序，捉摸不定，反而会影响发布的效果。

第二，企业的招聘目的不同，其目标对象也有所不同。比如，企业发布信息是为了招聘高端管理者，那么企业的目标对象就是定向求职者；如果企业是为了制造繁荣稳定的表象，那么企业的目标对象就是监管机构或者企业投资者。正所谓"有的放矢"，企业在发布招聘信息时也应当要有针对性，明确招聘信息所对应的目标对象。

二、确定招聘信息的内容

明确企业的招聘目的和原则之后，企业下一步要做的就是确定招聘信息的内容。通常，招聘信息包括以下四个方面的内容。

（1）企业信息：企业名称、企业类型、企业优势。

（2）职位信息：招聘职位名称、工作内容、岗位要求、薪资福利、休假制度等。

（3）企业联系方式：招聘负责人、联系方式、简历投递方式等。

（4）人才培养计划：员工培训计划、员工成长计划、晋升制度、薪酬提升方案、员工活动等。

企业发布招聘信息时要做到主体清晰、表达简练，越简练越好，而达到此目的的方法就是，对招聘信息做减法。具体做法为，企业将想要展示在招聘信息中的内容——罗列出来，然后逐次进行删减。

在第一次删减时，企业可以利用以下三个问题进行取舍：这条信息是否影响求职者了解企业的关键信息？这条信息是否影响求职者理解招聘职位信息？这条信息是否影响求职者投递简历的意愿？

以上三个问题回答均为否的内容，企业可以直接删去。删减完毕后，企业对保留下来的内容需要进行二次深度判断，进行第二步删减。

第二步删减可以利用以下问题进行判断：求职者是否想看这条信息？这条信息是否可有可无？这条信息是否影响招聘信息的表达？

第二次删减后，HR 还需要对保留下来的内容进行最后的判断。其判断的标准为：这条信息的优势和劣势分别是什么？是优势大于劣势，还是劣势大于优势？判断完成后，最终保留下来的内容就是需要发布的内容。

三、关注求职者心态

招聘信息是给求职者看的，那么其内容就要根据求职者心态来取舍。求职者想要看到什么，招聘信息就要展示什么。无论是招聘信息的内容，还是招聘信息的封面，其设计的核心都在于了解求职者心态，站在客户视角上去做设计。

1. 求职者需求

不同求职者的求职需求不同，其对招聘信息关注的侧重点也不同。高端求职者关注的是自己能够带来的效益以及企业提供的回报；中端求职者主要关注三个方面，一是招聘职位是否适合自己，二是企业能够给予的成长机会，三是薪酬水平；低端求职者关注的是企业的基本保障，如是否有福利、薪酬是否按时发放等。

根据求职者需求可以看出，招聘信息要想发挥效果，应该针对不同求职者的心态，调整各类招聘内容的顺序。比如，根据求职者的重要程度，可以将职位信息和企业信息放在前面，将成长或培训和其他内容放在后面。

2. 求职者的思考过程

通常，求职者看到一则招聘信息时，其思考过程是这样的：首先，这个公司是干什么的，我想去这个公司吗？其次，这个公司有没有适合我的职位？再次，简历投递方式是什么？最后，我的简历要怎么写？

根据求职者的思考过程，我们可以判断出招聘内容的先后顺序。

第一，企业信息。求职者可以据此判断自身专业和企业的匹配度。

第二，职位信息。求职者可以据此判断岗位胜任能力。

第三，投递方式。帮助求职者寻找投递入口。

第四，其他信息。其他信息属于边际信息，这些信息不太重要，写与不写都可。

3. 求职者填写简历的心态

求职者找到中意的职位，决定投递简历时，往往容易片面地看到能力强的那部分，忽略能力差的那部分。比如，某位求职者沟通能力比较强，与公司的销售岗位很匹配，求职者就会在制作简历时着重描述自己的沟通能力，而把较差的团队意识、良好的道德素质等能力忽略掉。

为了避免这种情况的发生，企业在设计招聘信息时，要对某些能力留出一定的弹性空间。比如，对于绝对不能降低的条件，企业可以将其设置成比较高的弹性空间；对于企业不能容忍的一些条件，企业要重点强调或标注等。

四、注重专业度

有的企业在发布招聘信息时，为了展现企业乐于接纳的气质，经常会在招聘信息中加一些类似"只要你能言善道，富有激情，那就赶快加入我们吧"这样的句子。这些句子看似条件很少，但是实则把不能言善道、不富有激情的求职者全部拒之门外了。

这种说法显然不具有专业性。企业在设计招聘信息时，应当对具体的内容再三审视，确保每一条内容都有出现的必要。宁愿招聘信息的字少一些，也不要拿一些无用之词滥竽充数，给求职者留下不专业的印象。

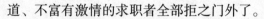

优秀招聘广告案例一：

1	2		3	
主题页 ××公司××年招聘	公司文字介绍		重大会议照片	重大会议照片
	公司大楼照片	公司大楼照片		
	公司职场照片	公司会议室照片	员工生日照片	公司照片墙
4 户外团建照片	5		6	
			招聘标语、口号	
国外旅游照片	招聘职位信息			
公司年会照片			简历投递方式	

优秀招聘广告案例二：

1	2
主题页 ××公司××年招聘	城市1 招聘职位信息 （背景为城市所在地地标建筑物）
简历投递方式	
3	4
城市2 招聘职位信息 （背景为城市所在地地标建筑物）	公司文字介绍
	简历投递方式

第三节　招聘责任人的选择

案例：

小杨是F公司的一名人力资源经理，最近他为了招聘的事情非常烦恼。月初，人力资源部总监给了小杨几个设计师候选人的联系方式，让小杨安排他们过来面试。可是，在现在的招聘计划中并没有设计师这个职位的招聘，小杨和经理沟通后，无奈地在招聘计划中加上了设计师职位，然后分别联系这几位候选人前来面试。

事情到这里并没有结束，就在小杨忙着面试之际，人力资源部总监又给了他几个渠道总监候选人的联系方式，让小杨委托猎头公司进行招聘。就这样，人力资源部总监总是临时起意，发出很多招聘计划里面没有的招聘通知，小杨为此感到疲于应付。

小杨之所以在招聘中如此烦恼，是因为F公司没有选择好招聘责任人。招聘责任人统领着人力资源部的招聘工作，如果招聘责任人总是临时起意，没有目的性地随意发起招聘，不仅会让整个人力资源部怨声载道，而且还会影响公司的战略发展。

企业把人才作为一种战略资源，其目的是实现经济和业务发展目标。而作为招聘负责人，则需要对企业的人才观及人才的吸引、使用、培养做出全局性构想，然后根据总的招聘需求安排招聘事宜。

一名优秀的招聘负责人需要满足以下条件：

第一，掌握招聘技巧与面试技能。招聘负责人应当清楚每一个招聘测评指标、测评标准以及相关的专业知识，并且要足够了解各部门状况和岗位要求。

第二，社会工作经验丰富。优秀的招聘负责人应当有足够的社会工作经验，可以独当一面，能够把握招聘全局，客观地分析企业招聘需求。

第三，掌握测评技术。招聘负责人在招聘过程中，能够熟练运用各种招聘技巧，把握招聘的发展方向，进而保证招聘计划符合企业发展需求，有效地控制招聘局面。

第四，品行端正。招聘是一个选拔人才的过程，在此过程中招聘负责人品行上的偏差很容易对企业产生不良影响。因此，招聘负责人必须具备良好的个人品德和修养，能够保持公正、和善，确保应聘者机会平等。

招聘负责人的常规任务主要包括两方面：一是制订和调整企业招聘计划，二是制定招聘实施方案。

首先，招聘负责人需要根据企业发展，制订总的招聘计划和招聘策略。在这个过程中，公司总负责人和人力资源部领导人员都需要参与进来，以保证招聘计划的准确性和有效性。

如果招聘计划需要修改或调整，公司总负责人或人力资源部均可单独提出，或者双方共同提出。招聘计划修改或调整完毕后，需要公司总负责人进行确认。

其次，招聘负责人需要负责制定招聘方案。在制定的过程中，招聘负责人应当与人力资源部主要成员商谈后共同制定，否则很容易出现案例中的境况。在制定过程中，招聘负责人起的是主导作用，最终的决策权依旧在公司总负责人手上。

招聘负责人一般只负责制订招聘计划及方案，不参与到具体的招聘工作中。不过，在一些关键岗位进行招聘时，招聘负责人则需要根据人才引进战略方案，配合人力资源部招聘进程，提供一些帮助。

这里所说的关键岗位指的是对企业战略推进进程、产品发展以及市场布局有深远影响的岗位，比如，掌握企业核心技术的专业人才、推动企业核心优势的管理人员等。

与普通的 HR 相比，招聘负责人对企业战略理解得更透彻、深入，并且能够及时、全面地了解行业信息，对行业变化感知更加敏锐。因此，在招聘关键岗位人才时，招聘负责人更容易与高端人才建立有效联系，进而提高关键岗位人才的到岗率。

鉴于招聘负责人的自身优势，在关键岗位招聘中，招聘负责人应当担任人才引进的主力军，做好以下相关招聘事宜：

1. 及时纠正人力资源部在招聘过程中出现的偏差；

2. 及时向人力资源部传递行业信息和行业变化；

3. 发起战略性人才招聘；

4. 初步评估已有关键岗位人才招聘信息，评估完毕后交给人力资源部经理；

5. 及时跟进已有联系的关键岗位应聘者，并随时将人才信息反馈给人力资源部经理；

6. 亲自面试和评估关键岗位应聘者；

7. 与人力资源部共同说服或攻克关键岗位应聘者，保证关键人才可以顺利到岗。

第四节　人力资源部门主导和用人部门主导

案例：

销售部王经理和人力资源部李经理本来关系十分要好，可是最近两个人因为招聘的事儿大吵了一架，现在彼此见面后谁也不理谁。究其原因，原来是他们两个人在录取应聘者时出现了不同意见。

前几天，李经理根据销售部的招聘需求，通过资料筛选和面试，确定了两个名单。然而，当李经理把名单给王经理之后，王经理却看中了名单外的另外两个应聘者，他认为这两个应聘者有现成的资源，可以拿来就用，于是王经理要求李经理重新面试。

李经理却觉得王经理看中的人才虽然有资源，但是职业操守上有一些瑕疵，而他推荐的应聘者在业务能力上更胜一筹，所以他并不同意王经理重新面试的做法。就这样，王、李两位经理各有各的理由，各有各的说法，谁也不肯让步。

销售部属于用人部门，人力资源部属于招聘部门。在引文中，这两个部门的经理因为招聘意见不同，大吵了一架，导致两个部门之间的关系变得紧张。究其原因，这一事件是由于人力资源部和销售部在招聘中没有协商好。

招聘看似是人力资源部一个部门的事情，但其实用人部门以及其他部门在招聘工作中也发挥着一定的作用。

其中，人力资源部门是企业战略的解释者与招聘人才的实施者，用人部门是本部门招聘的发起者、参与者与决定者。在招聘工作中，人力资源部门和用人部门是各有分工又互相配合的关系。

在企业人才招聘方面，人力资源部扮演着协同、共识和推进的角色。其主要工作任务包括以下两个方面：

一、协助制订人才招聘计划和方案

人力资源部是招聘的主力部门，从开始制定招聘方案时，人力资源部门就要参与到招聘工作中，协助企业高层领导或招聘负责人制订人才招聘计划和方案。招聘方案确立后，人力资源部则需要及时启动招聘计划。

第一，企业高层领导或招聘负责人在制订招聘计划时，人力资源部门要深度参与进来，并给予相关的专业支持。

第二，了解企业的人才战略，与企业高层领导在人才规划上达成共识。

第三，确定人才战略框架以及未来人才规划后，人力资源部门负责根据企业招聘需求制定时间、进度、目标清晰，可衡量以及可达成的招聘执行方案。

二、推进招聘工作进程

人力资源部是具体执行招聘的实施部门，它在招聘工作中起的是中介作用，负责连接用人部门和应聘者。打个比方，人力资源部门就相当于企业的人才采购部门。当企业和用人部门需要人才时，人力资源部门负责制定人才"采购"流程，并设计人才的评价方法与评价标准，为企业提供符合条件的人才。

在"采购"过程中，为了能够及时向各用人部门供应合适的人才，并确保能够高效完成招聘工作，人力资源部门需要做好一系列招聘工作：

（1）根据企业人力资源发展规划制定企业招聘预算，并负责制订年度、季度、月度以及临时性人才招聘计划。

（2）与用人部门共同协商招聘要求，明确用人部门的职责和权力，确保合理合度地招聘人才。

（3）及时与用人部门沟通，建立各岗位人才的胜任力模型，初步拟定招聘人才画像。

（4）明确企业招聘人才的原则和底线，并根据企业招聘需求制定各岗位人才的招聘流程和评估方式方法。

（5）制定与人才供应商的合作流程和招聘管理方案，与人才供应商设计筛选标准。

（6）开发适合企业的各种供应商渠道，并根据企业职位需求，选择合适的供应商渠道，如校园招聘、猎头合作、校企联合等。

（7）针对企业招聘需求，发起相应的招聘。

（8）设计、撰写和发布需求职位的宣传文案。

比如，某互联网销售公司在招聘资深用研专员时，人力资源部发布了以下宣传文案：

从中老年群体视角出发，深度体验线上产品，发现问题并反馈问题；定期组织座谈或小课堂，发动身边的中老年人反馈 App 使用体验；通过问卷调查、访谈等形式反馈中老年群体对产品的体验情况以及用户需求。

（9）安排人才初选与评估，并参与面试或其他形式的评估与选拔。

（10）及时跟进新员工，了解其工作情况并进行评估。

（11）招聘工作结束后，对新入职员工胜任与流失、渠道效果以及人才供应商的合作进行分析，总结招聘技巧与经验。

用人部门在招聘工作流程中起着不可或缺的作用，它主要负责参与设计本部门所有职位胜任力模型以及制定评价标准。

通常企业的招聘需求都由用人部门发起，什么时候招聘、招聘什么样的人、人才是否合格，这些都需要用人部门给予关键性意见。

在发起招聘阶段，用人部门需要做以下工作：发起本部门计划内补充性招聘；发起并评估本部门临时性补充招聘；提出与本部门相关的储备性人才招聘建议；提出与本部门或本职位发展相关的梯队建设性人才招聘建议。

为了本部门的可持续发展，各用人部门应当清晰地了解本部门的用人计划以及储备计划，并且及时向人力资源部门提出本部门人才储备与梯队建设性招聘建议。这样，本部门在业务上才能有足够的人才，从而保持良好的发展。

此外，为了保证应聘者符合用人部门的需求，用人部门应当全程参与招聘的各个环节。在整个招聘过程中，用人部门应当参与以下工作：

（1）与人力资源部共同协商制订本部门计划内补充性招聘职位。

（2）配合人力资源部评估是否有必要发起临时性补充招聘。

（3）协同人力资源部共同设计本部门岗位的胜任力模型，明确本次招聘职位的关键能力要素，如将销售部门的关键要素定为沟通能力等。

（4）人力资源部门甄选出候选人之后，基于本部门胜任力模型，对候选人进行评估。

（5）与人力资源部共同商定录用人才名单。

（6）帮助录用人员入职和适应工作。

招聘的每一项工作都需要人力资源部和用人部门相互配合，在每一个环节中每个部门的参与度有所不同。总而言之，人力资源部与用人部门在各司其职的同时，需要相互合作，共同完成企业招聘目标。

第五节　多部门联合招聘

案例：

　　C公司想要招聘一名销售总监，由于该职位涉及经营预算、盈利周期等财税方面的知识，所以人力资源部的周经理邀请财务总监安总参与到招聘工作中，负责对候选人财务方面的专业知识进行评估。

　　安总应邀在招聘过程中，分别就财务报表、税法等财务知识对候选人进行了考核。根据评估结果，安总认为人力资源部推荐的候选人不合格，于是给出了"不予录用"的建议。人力资源部周经理见此，只好重新进行招聘面试。

案例中，周经理邀请财务总监安总参与招聘工作，对候选人财税专业知识进行评估的招聘方式就是联合招聘。联合招聘是指人力资源部、用人部门以及其他专业部门联合进行招聘的招聘方式。

由于现代社会更加需要全面性人才，所以企业在招聘过程中，更倾向于选择专业化程度更高的人才。而要想挑选出全面性人才，单纯依靠人力资源部的能力是不够的，联合招聘就是解决这一问题的最佳方法。

一、联合招聘的启动时机

当企业有以下招聘需求时，都可以使用联合招聘来补充人才：

一是人力资源部或者用人部门难以评判候选人某一专项才能时，人力资源部可以联合专业部门对候选人进行评估。

二是企业进行综合性人才招聘或者战略性人才引进时，可以由多个部门进行联合招聘。

三是招聘业务职能型人才或者职能业务性人才等特殊人才时，人力资源部可以邀请相关部门参与到招聘工作中。

二、联合招聘的准备工作

由于联合招聘通常由人力资源部发起，所以在联合招聘启动之前，人力资源部负责准备联合招聘的相关事宜。具体来说，人力资源部需要做好以下几方面的准备：

（1）制定招聘职位的胜任力模型，并分析各部门所需人才的关键能力权重。比如，会计人员需要掌握会计准则、报表制作、基本的税法和经济法等，如果招聘职位为成本会计，还需要了解企业的整个业务流程，并掌握成本分析和差异分析等。

（2）掌握应聘者的基本情况，对应聘者的知识背景和工作经验有一定的了解。

（3）明确联合招聘人员的能力需求，并对参与招聘的人员进行专业的招聘评估培训。

（4）拟定联合招聘的时间表，并及时向候选人说明联合招聘的后续评估程序和目的，让候选人对联合招聘有一定的初步了解。

三、各部门职责

在联合招聘中，每个部门的职责有所不同。

人力资源部是招聘事务的主导部门，主要负责联合招聘的准备工作、招聘流程的把控、评估结果的讨论和记录等。

用人部门负责招聘评估环节的主持、候选人能力评估以及候选人职责介绍。

专业联合部门负责评估候选人的定向专业能力，向候选人展示职位所需专业水平。

四、各部门角色

在联合招聘环节中，每个参与部门的责任各不相同。不同的部门在招聘过程中，扮演着不同的角色。

1. 人力资源部——首因效应

在招聘活动中，人力资源部是接触应聘者的第一人。候选人对企业的第一印象来自对人力资源部的首因效应，如果首因效应运用得当，那么人力资源部完成招聘任务的概率会大大增加。在联合招聘过程中，人力资源部应当注重首因效应。具体做法如下：

（1）谈吐得体，专业能力与企业相匹配，甚至胜于企业要求。

（2）注重面谈资料、面谈环境和个人衣着的设计，做到与企业气质保持一致。

（3）招聘流程以及求职表格具有专业感，不随便改变招聘流程、不使用粗糙的面试资料或做出一些不专业的举动，影响候选人对企业的印象。

（4）尽量使用官方资料介绍企业；重点介绍评估人的专业能力和业务能力；重点介绍高层管理人的行程和活动，凸显管理者的行业地位，增加候选人对企业的好感。

2. 专业部门——专业印象

用人部门和其他专业部门在联合招聘中，主要负责考核候选人的专业水平、业务能力以及解决问题的能力。招聘是一个双向选择的过程，用人部门在考核候选人的同时，候选人也在评估用人部门的专业水平。

如果专业部门的水平低于候选人，候选人很有可能会对企业产生疑惑，进而放弃应聘企业。为了避免这种情况发生，专业部门需要在招聘前进行面试培训，从而增加企业对候选人的吸引力。

通常，专业部门需要从以下几个方面来展现自己的专业能力：

（1）接受专业的面试技巧培训，掌握招聘时的语言和肢体技巧。

（2）面谈过程中，不要提低级、无技术含量的问题，应当深入考核候选人在业务能力方面的表现。

（3）多用案例分析的方式评估候选人的专业能力，避免经常使用打探消息的口吻，影响候选人对企业的印象。

（4）通过一些专业性和可操作性强的任务展现公司的业务水准，进一步考查候选人业务方面的能力。

3. 高层管理部门——刻板效应

招聘高阶管理人才时，除了人力资源部和专业部门的精心安排之外，有时还需要高层管理者展现一些属于企业高层的刻板印象，如创新精神、领袖气质、个人魅力等，以此来增加企业的吸引力。

如果高层管理者的刻板效应运用得好，可以在招聘高阶管理人才时发挥重要的作用。所以高层管理者在参与高阶管理人才的招聘时，可以在刻板效应方面做一些准备。

（1）了解候选人犹豫不决的原因是什么，利用自身特质或者企业优势增加企业吸引力，踢好招聘工作的临门一脚。

（2）根据招聘职位性质和特点，设计面谈方向和适宜的个人形象。

（3）基于个人的行事风格和性格倾向，在候选人面前有的放矢，发挥企业优势，弱化企业劣势，不要弄虚作假，故意演戏。

（4）最好将面谈安排在高层管理者的办公室，以便发挥高层管理者的主场优势。

第三章　招聘渠道：找到对的渠道才能找到对的人

第一节　服务于招聘的各种渠道

案例：

小曲是 F 科技公司的 HR，主要负责公司的招聘工作。最近公司处于建设扩张期，企业业务部门需要一名有工作经验和专业能力的高管，于是公司领导让小曲在一个月内招聘到合适的高管。

小曲为了尽快完成招聘任务，花大价钱通过一个招聘网站挖到了一个合适的人选。小曲欣喜不已，马上安排新高管入职。可是，没过两个星期，新高管就因为个人原因提出了离职。小曲花光了所有的招聘预算，高管也没有招到，为此十分烦恼。

对于 HR 来说，小曲的情况的确够糟心的。不仅没招到人还花光了预算，业务部门还着急要人，再申请招聘预算又是一件烦心事。

其实，在现代科技高速发展的 21 世纪，企业招聘人才的渠道越来越多，越来越精准化，分工也越来越明确。在不同的招聘渠道下，企业招聘时所需的支付成本，人才提供的质量、效率各不相同。而小曲之所以没有完成招聘任务，就是因为他没有选对合适的招聘渠道。

每个企业的性质、规模、费用预算、招聘需求等情况都不相同，因此在招聘时，每个企业要先全面分析自身情况，再作选择，这样企业选择的招聘渠道才能满足企业招聘的核心需求。

目前，企业的招聘渠道大致分为两类：一是内部招聘；二是外部招聘。内部招聘是指企业内部在职员工的人才推荐渠道；外部招聘是指非企业内部在职员工的人才推荐渠道。

一、内部招聘

内部招聘是指在公司内部发布空缺职位，由内部员工根据职位竞争上岗，国企和事业单位经常采用这种方式进行招聘。

内部招聘可以由企业内部的所有人员共同参与竞争，在竞选过程中可以充分展示员工对职位的适应性。同时，员工通过竞聘可以得到晋升或换岗的机会，能够有效激励员工，提高员工对企业的满意度和认同度。大量事实表明，内部招聘是最有效、成本最低的招聘方式之一。

不过，内部招聘可选用的人才资源比较有限，并且招聘过程中存在"关系户"，会给日后管理带来一些麻烦。所以，HR 在进行内部招聘时，应当适当斟酌，避免出现不适当行为，影响团队的整体性的发挥。

二、外部招聘

外部招聘是指公司在招聘员工时，所用的人才提供渠道是非公司内

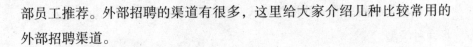

部员工推荐。外部招聘的渠道有很多，这里给大家介绍几种比较常用的外部招聘渠道。

1. 网络招聘

网络招聘是企业使用率比较高的一种外部招聘渠道，它主要分为两种形式：一是企业通过自己的官网进行招聘，二是与专业招聘网站合作招聘。

（1）公司官网招聘

官网是企业的门户，一般应聘者在接到面试邀请时，最先查看的就是公司的官网，官网页面就是应聘者对公司的第一印象。官网对招聘能够起到很大的作用，通常规模比较大的企业非常重视网站的建设，并在招聘时充分利用官网渠道。

企业自身如果有官方网站，可以在公司官网上发布招聘信息，搭建招聘系统。利用官网做招聘的企业，平时要注意实时更新职位信息，以便应聘者可以在浏览企业信息后，直接投递简历。

（2）与专业招聘网站合作招聘

与专业招聘网站合作就是通过一些专业招聘网站发布招聘信息，利用招聘网站已有的系统进行招聘。现在的招聘网站种类非常多，并且根据招聘性质，这些网站可以分成很多类型。比如，综合型的有中华英才网、智联网、猎聘网；地方型的有各地区的人事人才网；服装型的有中国服装网；等等。

网络招聘不受地域的限制，覆盖面比较广，并且时效长，可以在短时间内获取大量的应聘者信息。不过其缺点是，网络信息的可信度不是很高，应聘者发布的信息可能存在很多无用信息和虚假信息。因此，网络招聘对简历筛选的要求比较高，HR需要花费大量的精力甄选人才。

2. 现场招聘

现场招聘是指企业通过第三方提供的场地，与人才面对面进行招聘，并在现场完成面试的一种招聘方式。现场招聘主要包括招聘会和人才市场两种类型。

（1）招聘会。招聘会通常是由政府机构或者人才介绍机构发起和组织的，这种招聘方式比较正规并且一般都具有特定的主题，如"应届毕业生专场""退伍军人专场"等。

在招聘会上，人才的学历层次、知识结构划分得比较分明，企业可以很方便地根据职位需求选择合适的专场。不仅如此，招聘会一般会对入会的应聘者进行资格审查，这样企业不但可以节省大量的时间，而且还能深入地针对应聘者进行考核。

唯一的缺点是，招聘会对应聘者进行细分后，会产生一定的局限性。比如，对于一个需要各种类型人才的企业来说，就需要参加很多场不同类型的招聘会，这样就增加了企业的招聘成本。

（2）人才市场。人才市场与招聘会类似，其形式都是企业和人才在第三方场地参与招聘。不同的是，招聘会一般都是短期的，而且举办的地点都是临时选定的，如大学毕业季的招聘会往往会在大学的体育馆或广场举行，时间通常为 2～3 个月。而人才市场的招聘时间是长期的，并且地点也比较固定，所以这种招聘比较适合一些有长期招聘需求的企业。

3. 猎头合作

猎头合作是指企业委托猎头公司进行招聘的一种招聘方式。猎头公司是为企业招聘各类高级人才、稀缺人才或者专业人才的中介机构。专业的猎头会根据行业分类，如医药类猎头、金融类猎头、制造业类猎头等。

猎头公司通常能够实时掌握行业信息，并且会不断积累行业人脉，所以一般可以无障碍地理解企业的招聘需求，进而为企业找到高度合适的人才。这种方式通常是企业在招聘特殊人才时才会用到，所以相对来说不是常用的招聘渠道。

4. 媒体广告

媒体广告分为传统媒体广告和新媒体广告。

传统媒体广告是指企业通过报纸、期刊、电视、电台等载体发布招聘信息的一种招聘方式，如残障人士招聘、地铁招聘等。这种招聘方式偏向思想传统、比较保守的人群或者中老年人群。

新媒体广告是指企业通过微信、微博、QQ 等渠道进行招聘的招聘方式，如服装设计师招聘、网店美工招聘等。这类招聘比较新兴，更偏向年轻人或者脑力劳动者。

第二节　企业如何看待校园招聘

案例：

W 服装设计公司刚刚成立不久，各岗位人才都十分稀缺，于是公司高层管理者让人力资源部樊经理进行招聘。

这时恰逢毕业季，樊经理想着可以借此机会，在大学里面招聘一批人才。于是，樊经理带着人力资源部员工在某大学开展了一场招聘会。历时两个月，樊经理招聘了不少应届生。

然而这些应届生自我意识很强，不受职场规则约束，仅仅半年时间，就走了一大半。樊经理看着自己辛辛苦苦招上来的人，现在已经所剩无几，便开始埋怨校园招聘的效果太差，毕业生难管理。

高校对于企业来说是一个巨大的人才储备库。高校里面的学生具备系统的专业理论功底，学习能力、可塑性都比较强，这些特质无一不吸引着企业的眼球，这也是现在很多企业都想通过校园招聘来招揽人才的原因之一。

但高校招聘就一定有效果吗？读完案例，我们就已经知道了答案：校园招聘并不适合所有的企业，这种招聘方式并不能满足企业大部分的人才需求。

校园招聘这个特殊的招聘渠道是企业发展性岗位的专有招聘渠道，并不适合刚刚起步的企业。与其他招聘渠道相比，校园招聘具有时间、地点、人群限制，在招聘过程中，有其独特性。

第一，校园招聘专业分类清晰，比较容易筛选。企业在招聘时，可以根据自身职位需求，选择专业相符、能力相适应的人才。

第二，招聘人数确定，时效性高。校园招聘参与人数都是确定的，比如，某高校毕业生招聘会上，参与招聘的人数为全部的应届毕业生。这样一来，企业能够收到的学生应聘资料是可估计的，最终达成录用的速度也比较快。

第三，学生的工作需求强烈。应届毕业生选择工作的余地比较小，他们往往对未来要进入的公司、工作环境等条件并不挑剔，并且有时候还会有一定程度的妥协，因此企业比较好掌控。

第四，人才性价比高。应届生和同类岗位的社会人相比，薪酬偏低。尽管国家设定了应届生最低工资标准，并且每个专业的学生都有社会性约定起薪值，但与其他社会人才相比，应届生的性价比是最高的。

第五，工作效率高，成长速度快。刚毕业的大学生没有什么生活压力，对工作和未来都充满了期望。在工作初期，应届生能够全身心投入工作之中，并且不计付出，短时间内可以得到快速成长。

与其他招聘渠道相比，校园招聘的劣势也很明显。

一是参与成本比较高。企业参与校园招聘，既要布置演说场地、准备招聘资料，还要提供互动礼品等，整个招聘环节都需要付出大量的人力、物力和时间。一场校园招聘会下来，其成本不亚于一场产品发布会。

二是招聘对象经验值低。与社会人相比，应届生就是一张白纸，他们没有足够的社会经验，因此企业需要付出很大的成本和人力进行培训。

三是稳定性差。应届生刚刚毕业，对不同的岗位存在很大的新鲜感。当他们在企业工作一段时间后，新鲜感就会下降，甚至对现有职位出现厌倦，这时企业就有很高的人才流失风险。

四是管理难度大。学生有很强的自我意识和自我观念，不喜欢职场条条框框的规则。企业管理应届生的难度很大，很容易导致团队管理失衡。

五是冲击力很大。应届生的价值观和世界认知力与社会人有着很大的差别，他们更善于表达和创新，因此对现有团队的冲击力很大。

既然校园招聘有利也有弊，那么什么样的企业才适合使用这种招聘方式呢？通常具备以下能力或条件的企业，适合使用校园招聘渠道。

第一，具有一定行业知名度或规模的企业。有一定知名度的企业对学生有很强的吸引力，在招聘后留住人才的概率也比较大。

第二，具有清晰价值观和人才观的企业。招聘后的新员工很容易因为企业环境产生水土不服，这时企业如果能够明确应届生对企业的价值，让人才可以有足够的用武之地，应届生则会逐渐克服困难，对企业产生认同感。

第三，有完整人才培养体系的企业。培养体系比较完善的企业，能够给予应届生在企业长期发展的动力，明确应届生未来发展路径，增加其对企业的忠诚度。

第四，有明确储备性人才需求的企业。应届生没有社会经验，短时间内无法胜任对工作经验要求比较高的职位，因此只有临时性招聘需求的企业不适宜使用校园招聘。

第五，需要长线规划的企业。对于暂时没有人才需求，但是某职位是某学校强势专业，或者学校的人才特点与企业价值观高度匹配时，企业可以通过校园招聘进行企业宣传，为企业的未来人才需求做好准备。

第三节　企业如何做校园招聘

案例：

毕业季如期而至，很多公司纷纷加入校园招聘中，W 公司也不例外。人力资源部关经理早早就带着几个员工进入 D 高校，准备招聘的一系列事宜。

然而，关经理招聘了两个星期，收效甚微，前来咨询的应届生寥寥无几。看着其他公司的招聘摊位每天都门庭若市，关经理十分苦恼，到底怎样才能让自己的公司更加有吸引力，从而得到应届生的青睐呢？

近年，越来越多的企业加入校招大军中，并且每个企业都使出了浑身解数来吸引学生。然而，校园招聘会上也不乏像关经理这样的 HR，每天为招揽学生十分苦恼。

企业在校园招聘中的最终目的就是用最低的招聘成本筛选出最优秀的人才，而要达到这个目的就要提高企业在校园招聘中的吸引力。那么，企业应该如何设计校园招聘活动，进而给应聘者留下深刻印象，挖掘潜在的人才呢？

校园招聘按照阶段的不同，可以分为准备期、宣传期、实施期和结束期，每个阶段都要做到精细化管理，这样才能达到事半功倍的效果。下面，我们就以表格的形式和大家分享一下每个招聘阶段的工作内容，如表 3–1 所示。

表 3 - 1 招聘工作内容表

阶段	负责部门工作内容	协助部门工作内容
准备期	1. 人力资源部和用人部门确定校园招聘岗位数量和职位信息； 2. 人力资源部根据企业招聘需求，收集参与招聘的高校信息、应届生信息和招聘会举办日期等信息； 3. 上级主管领导和人力资源部确定参加招聘的高校名单，并将企业信息提供给相关院校； 4. 人力资源部预算和审批招聘费用； 5. 行政部门与人力资源部编制招聘流程，并分发给相关人员	1. 用人部门根据岗位需要，确定校园招聘用人需求，给人力资源部提供相应的职位要求和人员数量； 2. 用人部门推选招聘面试官，并编写各自岗位专业笔试和面试问题； 3. 上级主管领导和财务部门审核招聘费用
宣传期	1. 人力资源部根据企业的招聘计划和过往招聘情况，以及本年度各校生源情况，选定相应的高校，并将企业招聘计划发送给各校招聘办公室； 2. 人力资源部确定宣传时间，在线申请、简历筛选、初试、复试等时间，均需要人力资源部核查和审批； 3. 人力资源部制作宣传物品，如招聘海报、企业宣传手册等； 4. 人力资源部在企业官网和各大招聘网站发布招聘信息，详细介绍企业招聘要求、用人标准、招聘程序、应聘方式等内容	1. 用人部门整理过往招聘资料，以及往年招聘的应届生工作情况； 2. 用人部门制定各岗位招聘文案，设置各岗位用人标准
实施期	1. 参会人员负责初试和面试阶段； 2. 人力资源部和用人部门面试官负责复试和笔试阶段； 3. 人力资源部、用人部门协同上级领导确定最终录用人员； 4. 人力资源部编制录用人员名单，并将名单交由上级领导审核	1. 面试官所在部门在面试官外出招聘期间，做好本部门相关工作； 2. 用人部门负责审核专业笔试内容和复试问题； 3. 用人部门与人力资源部及时沟通，共同商定录用人员名单
结束期	人力资源部通知录用人员上岗时间，以及入职前的相关事宜	用人部门做好接收新员工的准备工作，安排好新员工的工作、工作设备和相关工具

要想做出亮眼的校园招聘项目，除了要做好上面的基础工作之外，还要掌握一些校园招聘小技巧。

一、夯实基础

招聘的起点决定了招聘的终点，要想提高招聘效益，首先要舍得在基础工作方面下功夫，全面了解企业过往校园招聘流程和工作内容。

这一部分的主要工作内容如下：

1. 收集过往资料

在做校园招聘之前，HR 要尽可能地收集企业过往招聘的所有资料。资料内容主要包括：过往招聘的热点岗位和部门招聘需求；过往招聘公告，包括应聘岗位、基本任职资格要求以及应聘岗位职责说明书等；过往招聘时间和招聘程序，并向人力资源部咨询招聘程序是否需要调整或修改。

2. 吸纳过往经验

在收集过往资料的过程中，HR 遇到疑问时，应当及时向过往负责招聘的主管或其他人员请教，这样可以获得一些实际招聘过程中的宝贵经验。

3. 与学校建立联系

通过收集资料，HR 还可以获得企业过往联系的高校以及院校信息。根据这些信息，HR 可以获得很多有价值的招聘资料。比如，通过高校官网，了解其他企业的招聘进展和招聘活动；和就业中心联系，了解校园招聘的程序与形式，以及招聘变化等。

二、拓展思维

校园招聘既是招聘更是宣传，在招聘过程中如果想要打造企业品质和影响力，其思路必须拓展。

1. 建立招聘体系

了解企业过往招聘资料之后，HR 应该和用人部门进一步拓展思路，建立一个校园招聘层次体系。所谓层次体系，就是在招聘时选择不同层次的学校，挑选不同层次的人才。招聘层次体系不仅可以拓宽招聘范围，而且还能提高企业的影响力。

2. 建立外地校园招聘体系

本地校园招聘体系完成布局后，企业可以与外地学校建立联系，做好本地与外地学校招聘体系。

在外地学校开展招聘活动时，HR 首先要做好招聘谋划工作，锁定几个重点岗位所需的相关院校，这样可以节省企业招聘成本，减少不必要的浪费。

3. 招聘方式

企业招聘方式有两种：一种是企业高层带领下级一起进行招聘；另一种是高层与下级各自招聘各部门所需员工。HR 在招聘前，要提前了解好本企业的招聘方式，以便在企业管理层面，提出比较可行的招聘建议或意见。

4. 资料准备

进行校园招聘时，HR 需要准备好企业资料，以及各岗位宣传海报。

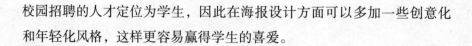
校园招聘的人才定位为学生，因此在海报设计方面可以多加一些创意化和年轻化风格，这样更容易赢得学生的喜爱。

三、提升质量的秘诀

很多企业在进行校园招聘时都反映，现在的学生不好招，一场招聘会下来，传单发了不少，但是招聘摊位仍无人问津。这种情况下，企业到底该如何提升校招的质量和数量呢？

1. 抓住学生的需求

在做校园招聘时，仅仅了解企业和学校是远远不够的。企业所面对的群体是学生，所以招聘时必须去了解学生的思想，了解学生要找的工作大概是什么样的，如双休、五险一金、工作轻松等。然后，根据学生的需求有的放矢。

2. 维护渠道

校园招聘并非一场简单的招聘会，它是一个长期性的工作。在校园招聘前、中、后各个阶段，企业都要维护好与学校和相关老师的关系，加深彼此的了解和信任，这样可以保证企业每年的校园招聘都有足够的生源。

3. 增加趣味性

要想吸引学生的眼球，仅仅开展枯燥乏味的招聘会是达不到目的的。企业在招聘时，不妨准备一些小礼品或者抽奖环节，增加招聘的趣味性，让学生感受到企业的魅力，从而积极参与到招聘活动中来。

四、招聘小窍门

在网络时代，校园招聘不仅可以在线下进行，同时还可以通过线上各种方式进行。简言之，企业要充分运用各种渠道进行校园招聘。

1. 网络宣传

在企业官网发布招聘内容，可以通过学校往届生录制企业视频，讲解企业工作岗位，以此吸引应届生。

2. 校园大使

学校的学生是企业最好的助手，HR 可以在校园内招聘校园大使，让学生帮助企业贴海报、宣传。这种方法既可以给学生提供兼职机会，同时能从学生视角了解更多学生的想法和见解，从而掌握学生的就业需求。

3. 利用校友资源

企业在校园招聘中属于外来人员，很难与学生打成一片。如果企业内存在往届生，不妨以往届成功校友作为榜样，对学生进行宣讲。校友对学生来说比较亲切，并且比较有说服力，更容易吸引学生。

4. 高管宣讲

企业高层管理人员不仅对企业有深刻认识，而且自身有很深的造诣。在宣讲阶段，如果高层管理者能够参与其中，则会增加招聘的权威性，更能让学生感受到企业对他们的尊重和重视。

5. 公益培训

HR 在招聘方面可谓是经验最丰富的人群，因此在校园招聘中，HR

可以充分发挥自己的优势，在各大学校开展公益培训。如开展"简历这么写才有戏""企业招聘中的潜台词"等培训活动，让学生积极参与其中，扩大学生对企业的认识，从而达到宣传目的。

第四节　互联网时代招聘新打法

案例：

小冯是 S 公司一名新来的 HR。这几天，人力资源部赵经理让小冯负责联系招聘网站的应聘者。

小冯按照经理的招聘要求，在招聘网站上翻看了上百份简历，打了几十个电话，好不容易联系好了 10 个应聘者。小冯心想，这下终于可以松口气了。

然而，事与愿违。赵经理面试了 10 位应聘者后，刷下去了 8 位应聘者，只有 2 位应聘者进入了复试环节。为此，赵经理认为小冯能力不足，让小冯就此事反思一下，写份检讨。小冯辛苦良久无果，因此心中愤愤不平。

招聘不仅是个技术活，还是个体力活。人才找不到，有看不完的简历，打不完的电话，做不完的招聘计划，甚至最后还会像小冯一样费力不讨好。在移动互联网时代，要想做好招聘这份工作，HR 还需要好好修炼一番。

互联网上招聘，不同于线下招聘，它对 HR 的素质能力各方面都要求更高。在招聘之前，HR 先别着急打电话，约应聘者面试，先停下来，看看自己是否具备互联网招聘素质能力，这是决定招聘成败的关键因素。

要想打赢互联网招聘这场仗，首先，企业需要看看自家的招聘经理是否具备足够的招聘能力。一名优秀的互联网招聘 HR 应当具备以下能力：

第一，具备前沿的互联网思维。

第二，娴熟掌握招聘业务知识，能够恰到好处地向应聘者展示行业发展、企业岗位、业务内容、团队基本情况等，吸引应聘者的眼球。

第三，具有较强的把握能力，可以掌握招聘全过程，并且可以完美解决招聘每个环节中的问题，确保招聘效果。

第四，熟悉互联网招聘渠道，能够建立人才资源库，保持与人才的有效沟通，保持人才与企业的黏性。

第五，具有个人独特风格和魅力，足以吸引应聘者。

第六，思考、表达、理解、文笔能力优秀，整体招聘水平比较强。

第七，熟悉互联网招聘特点，能够从公司战略高度进行招聘布局，并且能够绘制行业人才地图。

第八，喜欢关注时事新闻，对人才信息比较敏感，具有较为全面的招聘结构体系。

其次，企业应该塑造优秀雇主品牌形象。所谓雇主品牌，简单来说就是良好的企业形象。

2017 年，美国一家权威机构通过调查发现，现在 69% 的人才很重视雇主品牌，即使这些人才处于失业状态，他们也不愿意去选择一个雇主口碑差的企业。此外，84% 的人才在收到一个雇主品牌更好的企业邀请时，都会考虑跳槽到这个企业。由此可以看出，企业只要雇主品牌建设得好，就不愁吸引不到优秀的人才。

做好雇主品牌建设与传播其实很简单，企业只要围绕应聘者关心的问题去塑造公司，那么雇主品牌就建设得八九不离十了。

除了以上两点，企业还需要运用好互联网招聘平台。互联网招聘平台对企业来说既是一种招聘渠道，也是宣传企业形象、储备人才的最佳工具。使用好互联网招聘平台，才能帮助企业招聘到更多的优秀人才。

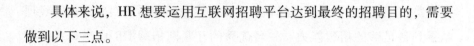

具体来说，HR 想要运用互联网招聘平台达到最终的招聘目的，需要做到以下三点。

一、按需选择合适的平台

现在互联网招聘平台数不胜数，除了综合类招聘平台之外，还有很多社交化招聘平台、分类信息招聘平台等。每一个招聘平台都有其独特优势，HR 需要根据企业招聘需求以及各岗位招聘要求，选择最适合企业的招聘平台。

案例：

A 公司人力资源部陈经理刚刚上任，没有什么工作经验。一个月前，公司让陈经理负责招聘一名分公司总监。于是，陈经理在一些综合性平台上广发信息，等着合适的人才投简历。

可是，一个月过去了，陈经理不但没有招到合适的人才，反而遇到了一堆制造虚假信息的应聘者。眼看着招聘期限就要到了，陈经理心急如焚。

陈经理之所以久久招不到合适的总监人选，是因为他没有选择好合适的招聘平台。众所周知，中高端岗位人才是不会在鱼龙混杂的综合性招聘平台投简历找工作的，甚至有时候他们不用主动找工作就有大量的工作机会找上门。因此，在招聘中高端人才时，HR 要在垂直于中高端人才或者垂直于猎头的招聘平台发布信息，这样才能起到好的招聘效果。

二、有效传递职位信息

所有的 HR 都会写职位介绍，但大部分的 HR 都写不好职位介绍。如果你仔细观察就会发现，招聘网站上的职位介绍同质化非常严重，很多企业的职位介绍几乎都是复制粘贴，若不看企业名很多人都分不清这些职位有何不同，这种职位信息对于求职者几乎没有什么效果。

职位信息主要包含两部分内容：一是任职要求，二是岗位职责。其中，写好职位信息最关键之处就在于，要阐明该职位具体需要做什么、解决什么问题、达到什么要求。同时，还要写明企业的性质、规模、发展规划、福利政策等信息。如果企业有相关的图片或影像资料，最好也添加到职位信息里。

例如，某知名手机企业招聘测试工程师发布的职位信息如下：

公司介绍：我们是××公司，成立于××年，在成长的过程中，我们脚踏实地、奋勇向前。我们一直专注于 ICT 领域，为运营商、企业客户和消费者提供有竞争力的 ICT 解决方案、产品和服务。

岗位职责：

1. 负责系统测试的需求分析，负责现有系统以及相关业务支撑系统的测试。

2. 产品的开发计划和测试需求，独立编制测试方案、测试计划和测试用例。

3. 对产品进行黑盒测试、兼容性测试、回归性测试等。

职位要求：

1. 计算机软件等相关专业本科（含）以上学历。

2. 掌握软件工程、软件测试理论、测试流程及方法。

3. 熟练掌握一种以上测试工具、bug 管理工具，有测试脚本编写经验或测试用例编写经验者优先。

三、及时处理投递简历

很多求职者都有过这样的经历，给某个公司投递简历或者面试结束后，就石沉大海，再无音信。求职者左等右等不见结果，最后只能再找别的公司。发生这种情况，大多是因为 HR 没有及时回复求职者。

说到这里，大部分 HR 可能会反驳，既然不合适就不需要联系了，求职者也都懂啊。虽然这种行为已经成为 HR 的一种习惯，但是长此以往必定会给公司造成不利的评价。所以想要做到正面宣传，不论结果好坏，HR 都要及时给予人才求职回复。

尤其是在招聘中高端人才时，HR 千万不能像招聘基本岗位那样不紧不慢。要知道越优秀的人才越抢手，今天你放过一个人才，明天你可能就多了一个对手。因此，HR 一定要抢占先机，把握住优秀人才。

第五节　内部招聘的人才来源和方法

案例：

郑超是 K 企业的总经理，最近他遇到了一件非常棘手的事情，在企业干了 5 年的制造部刘经理突然要辞职。这让郑超措手不及，制造部是企业比较关键的部门，如果一时之间找不到合适的人选，对公司产生的影响不可估量。

郑超为此召开了经理会，让大家一起讨论一下新经理的人选。会上，营销部和财务部为选择外部招聘还是内部招聘闹得不欢而散，最后郑超不得不休会，宣布下次再议。各部门经理散去后，郑超自己一个人陷入思考，不知道到底该从哪里招聘经理。

现实生活中，很多企业都遇到过郑超这种问题。时下，随着人才竞争日益激烈，大多数企业将外部招聘当作首选的招聘方式，因此它们通常采用外部招聘方法应对。当然，也有少数企业主张内部招聘，或者内外同时进行。但其实内部招聘和外部招聘各有利弊，不能一概而论。

外部招聘的人才来源渠道比较多，并且录用的员工大多都彼此陌生，没有拉扯不清的关系，不过其也有一定的劣势。而与外部招聘相比，内部招聘不但可以节省招聘成本，还可以为内部员工提供晋升的机会，提高员工的工作激情。

一、内部招聘渠道

内部招聘的人才主要来源于以下四种渠道：

1. 内部晋升

当企业内部管理人员空缺时，企业可以从内部提拔能够胜任这项工作的优秀人员。一方面，这种招聘方式给予了普通员工升职的机会，能够有效激励员工，使员工感到未来工作有希望以及有发展机会。另一方面，内部员工比较熟悉本部门的工作，能够更快地投入新工作中。

但这种渠道并非十全十美，也有一定的劣势。比如，从内部提拔的员工不一定是最优秀的，还有可能会引起其他员工的不满，产生

"他还不如我"的想法。基于这些劣势，很多企业在出现职位空缺时，往往采用内外两种招聘相结合的方式，从内部和外部同时寻找更为合适的人选。

2. 内部调换

内部调换是指当企业某个部门职位出现空缺时，将其他部门同一职位的员工调到空缺部门。比如，制造部经理空缺，企业可以将技术部经理调过来，暂时让其担任制造部经理的职位。

这种人才渠道除了可以及时填补空缺之外，还有很多的作用。例如，内部员工可以因此了解其他部门的工作，接触和了解更多本企业的人员。此外，这种渠道还可以进一步了解调换员工的工作能力，为今后的工作安排铺路。

3. 内部轮换

内部轮换就是公司内部员工轮换职位，比如，某制造企业车间为流水线工作，需要 24 小时运作，那么车间 A 组和 B 组内部就可以进行轮换。

内部轮换和内部调换类似，不同的是，内部调换的周期比较长，内部轮换的周期比较短。而且内部调换一般是单独的、临时的，而内部轮换往往是有计划进行的，两个以上员工的调动。

工作轮换不仅可以让员工有机会了解其他部门的工作，还可以减少员工长期干一项工作产生的厌倦感，同时也可以给那些有潜力的员工提供晋升的机会。

4. 人员重聘

人员重聘是指当企业内部产生空缺后，单位从下岗人员、长期休假人员、已在其他地方工作但关系还在本单位的人员等不在职员工中进行招聘，以填补空缺。

不在职人员中，有很多员工的素质都比较好，把这部分员工重聘到企业，可以让他们继续为企业效力。另外，不在职人员往往可以快速上岗，所以可以节省一部分的培训费用。

二、内部招聘步骤

为了充分发挥企业内部招聘的价值，降低因内部招聘导致人才流失的风险，企业开展内部招聘时，可以采取以下步骤：

1. 确定招聘需求

进行内部招聘之前，HR 需要协同用人部门确定招聘岗位、招聘人数和岗位主要职责，并就此制订内部招聘计划。

2. 确定申请条件

根据招聘岗位的精准画像，HR 需要确定内部人员应聘的条件。其申请条件大致分为两部分：一是基本素质、业绩、学历、年龄等共性条件；二是专业技能和管理经验等岗位特殊要求。

3. 成立招聘小组

企业进行内部招聘时，应当由高层领导、人力资源部以及其他执行部门组成招聘小组，专门负责内部招聘事宜。为了保证内部招聘的公平性和客观性，企业还可以引进咨询公司等第三方协助招聘。

4. 确定招聘流程

内部招聘流程一般包括四个阶段，即招聘报名阶段、招聘评价阶段、招聘决策阶段、招聘结果公示与公布阶段。

5. 召开内部招聘启动会

企业开展内部招聘时，最好采用启动会的方式宣布招聘信息，并且企业管理层最好参与其中。召开启动会一是为了向员工宣布招聘流程；二是为了传递内部招聘的精神，鼓励员工踊跃加入招聘之中，激发他们工作的积极性。

6. 招聘评估

在招聘评估阶段，HR 首先要对候选人的软性能力，如应聘者的自制能力、学习能力等进行考查。由于内部招聘的时间有限，HR 可以借助性格测评、工作能力评价表等测评工具对应聘者进行评估。

除了软性能力之外，HR 还要对应聘者的工作经历、过往业绩等基本信息进行了解，进而提前了解应聘者的背景以及岗位匹配度。

最后，为了全方位地了解应聘者信息，HR 需要对应聘者进行 360 度评价。比如，HR 可以通过应聘者的直接上级、直接下级以及同事的评价，从不同的角度了解应聘者各方面的能力和资质。

7. 后续工作

每位应聘者面试结束后，面试官需要及时总结应聘者的优势和劣势，进而出具对比分析报告。

内部招聘工作结束后，HR 需要观察入选应聘者的个人工作行为以及招聘过程中的表现，发现其优点与不足，有针对性地帮助其提升。同时，HR 还要与新岗位所在部门进行沟通，为应聘者提供支持和帮助，以便应聘者可以快速适应新的工作岗位。

除此之外，HR 还要将招聘结果反馈给落选者，这一项工作千万不要忽略。因为在内部招聘中，对于没有入选的参与者来说，或多或少都会受到一定的打击，如果 HR 没有适时关注这些人员，很有可能会影响到参与人员原部门的工作。

第四章　招聘策略：保证招聘有效的策略思考

第一节　应聘者的资格筛选

案例：

K公司自上个月发布招聘信息后，陆陆续续收到了400份简历，人力资源部的单经理因此忙碌了起来。人力资源部的小北和小齐历时两天，终于完成了所有资料的初步筛选，挑选出了200份简历。

人力资源部的单经理收到这200份资料后，又进行了一轮筛选，最后一共留下了100份简历。然后，经过一周的面试后，人力资源部将面试合格的80个应聘者留了下来，并将他们的资料分别交给了5个用人部门。

用人部门再次对应聘者进行了一次筛选，接着和人力资源部共同对剩下的75名应聘者进行评估，一周后确定了录取人员。

然而，这时财务经理抽选了一名未录取的候选人，亲自对其进行考核后，财务经理认为该候选人比已经录取的人员更加优秀。因

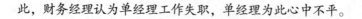

此，财务经理认为单经理工作失职，单经理为此心中不平。

企业发布有效的招聘信息后，求职者就会陆续开始投递简历，这时人力资源部和其他相关部门就要对应聘者进行筛选和评估。应聘者的资格筛选是招聘中最重要的环节，它决定了招聘的效率和效果。

一、筛选程序及要求

在筛选工作中，人力资源部需要运用自身的专业技能和工作经验，在较短的时间内，从大量的求职资料里面筛选出基本合适的人选，然后将可以参与面试评估的候选人推荐给各用人部门。各用人部门将应聘者二次筛选后，与人力资源部一起对应聘者进行评估，最终确定录取人员名单。

筛选过程中，人力资源部和各用人部门应当遵循以下筛选要求：

（1）初次筛选保留率在50%以上。人力资源部初次筛选简历时，要确保有50%以上的求职者资料可以进入第二轮筛选。此要求的主要目的是减少合适的求职者被遗漏。

（2）筛选结果存在允错率。允错率是指允许有差错，此要求是为了确保筛选工作可以按照计划如期进行，避免过分筛选影响效率。

（3）人岗匹配度要求在70%左右。筛选可以分为三个阶段：一是简历筛选，二是电话筛选，三是用人部门筛选。在筛选的每个阶段，人力资源部和用人部门都要摒弃追求完美的思想，在确保适度适配的前提下，保证筛选的效率。

二、区别筛选法

对应聘者进行筛选时，除了根据应聘者的工作经验进行筛选外，还可以使用区别筛选法进行筛选工作。区别筛选法就是对满足职位条件的求职者的不同条件，如学历、专业等，进行选择。

通常，在筛选求职者时，从以下几个条件进行区别选择：

1. 学历区别

学历是判断人才能力的标准，一张学历证书可以对求职者的水平作出比较精确的判断，所以学历要素是快速筛选求职者的重要条件。

企业不同职位对学历的要求各不相同。比如，销售的职位素养要求是识字能力和沟通能力，其学历一般在初中以上即可；工程师人员的职位素养是过硬的专业能力、统筹能力以及策划能力等，这类岗位的学历要求一般在本科学历以上。

2. 经验区别

经验区别是指根据从业经验筛选求职者。比如，会计岗位的从业经验要求为 3 年以上，那么 HR 在筛选求职者时，就可以将没有经验的人员筛选出去。通常，初级筛选的条件比较宽松，一般会先保留具有 2 年以上工作经验的求职者，然后在以后的筛选过程中，通过其他要素进行判断。

类似普通工人、外卖员等通用职业的初级岗位对从业经验要求不高；类似文员、销售等简单性岗位一般会从经验和接受能力两方面进行筛选；类似计算机编程、工程师等复杂性岗位对经验的要求比较高；管理岗位则需要同时满足专业经验和管理经验两方面的要求。

经验要素的可识别性比较低，HR 只能通过求职者的描述性资料来初步判断求职者的经验是否与招聘岗位相匹配。

3. 专业区别

专业要素是除学历要素之外的第二个重要因素。专业与岗位胜任力关联度高的职位，对专业的要求也会比较高；专业与岗位胜任力关联度低的职位，对专业的要求不是很高，专业程度一般只是一个辅助筛选条件。

4. 年龄区别

年龄区别是指根据求职者的年龄对其进行区别对待。大部分企业对求职者的年龄没有限制，只要不是未成年或者退休人员，企业均可以将其当作候选人。可以说，年龄选项并不是企业的必要选项，而是一个优先选项。

年龄区别比较容易识别，所以通常会被 HR 放到初次筛选的条件列表中。但年龄区别并不会被作为一个单一的条件，而是经常与学历、经验等条件结合在一起，以供 HR 进行筛选。

5. 行事风格区别

不同的职位在进行招聘时，其对求职者行事风格的要求不尽相同。比如，销售岗位要求求职者处事比较稳妥，技术岗位要求求职者办事有序，等等。几乎所有的企业在招聘某岗位人员时，对其行事风格都有特定的要求，很少有例外情况。

行事风格这一要素属于隐性判断标准，HR 通常只能在与求职者沟通的过程中，通过求职者的表现快速判断该求职者的行事风格是否符合职位需求，进而将不合格的求职者淘汰出局。

三、筛选过程

招聘按照职位的不同，可以分为中阶及以下职位招聘、高阶职位招聘、专业职位招聘以及市场稀缺性职位招聘。中阶及以下职位招聘的资料很多，其他几种招聘的资料通常偏少。根据这一特点，我们把筛选过程分为中阶及以下职位筛选和高阶职位、专业职位、市场稀缺性职位筛选两种。

1. 中阶及以下职位的筛选过程

中阶及以下职位招聘一般为普通岗位的招聘，这类招聘收到的求职者资料相对比较多，考验的主要是招聘人员的快速筛选能力。其具体的筛选过程如下所示：

（1）资料分类

在做筛选之前，HR 首先要将求职者的资料按照职位进行分类存放，然后将资料分别交给不同领域更有经验的招聘负责人。各招聘负责人收到资料后，负责对求职者进行初次筛选。

（2）条件排序

筛选求职者资料时，HR 需要根据职位胜任力模型，对求职者各方面能力进行判断、筛选。通常，筛选中阶及以下职位的求职者资料时，可以按照以下要素顺序进行筛选：第一，筛选求职者的学历、经验、专业、年龄；第二，筛选求职者的行事风格。

（3）第一轮筛选

第一轮筛选是由招聘负责人按照筛选条件的第一排序，对求职者资料进行筛选。

首先，招聘负责人需要对求职者的学历、专业、年龄进行筛选，排除不符合条件的求职者。

其次，招聘负责人需要快速阅读求职者的简历信息，然后从中挑选出工作经验符合职位需求的求职者。

最后，招聘负责人仔细查看选出的每一份求职者资料，对资料的整体适配性进行评估和判断后，作出最终的取舍。

（4）第二轮筛选

第一轮筛选后，如果求职者的保留率偏高，HR 可以根据保留率进行第二轮筛选。

第二轮筛选可以缩小学历、年龄以及经验方面的范围，严格要求求职者在这些方面的能力水平。

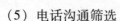

（5）电话沟通筛选

在确认面试信息之前，招聘负责人会通过电话与求职者有一个简短的沟通。这不仅仅是通知求职者面试时间和地点，还是对求职者的表达能力、行事风格和简历真实性进行初步评估的过程。

在电话沟通中，为了达到沟通和判断的双重目的，招聘负责人应该注意以下要点。

第一，注意说话的声音、语气、节奏，保持亲和的态度和专业感；第二，通话时间不要太长，最好控制在10分钟以内；第三，说明企业名称、电话目的，对求职者申请该职位表示感谢；第四，具备一定的电话沟通技巧，比如，不要直接在电话里拒绝求职者，让求职者感觉企业的招聘工作做得非常草率。

（6）筛选确认

电话沟通后，招聘负责人需要初步判断求职者各方面的能力，然后整理出合格名单和不合格名单。对于合格的求职者，招聘负责人需要通过前期的判断，按照优劣进行排序；对于不合格的求职者，招聘负责人需要将其资料单独存档。

（7）分类汇总

各招聘负责人将最后保留下来的求职者按照优劣顺序排列好之后，需要按照分类和排序制作一份求职者的电子名单，并将该名单交给招聘经理保管。

2. 高阶职位、专业职位、市场稀缺性职位的筛选过程

高阶职位、专业职位以及市场稀缺性职位的求职者资料一般比较少，但这并不意味着HR的筛选工作会因此比较简单。因为这类职位通常比较稀缺，需要HR花费更多的时间、精力对每一位求职者进行评估。

在筛选的过程中，HR既要做到不遗漏任何一个有可能的求职者，还要尽可能地给每一位求职者一些展示的机会。

对高阶职位、专业职位和市场稀缺性职位的求职者进行筛选时，通常从以下两个方面进行。

（1）显性条件评估

招聘负责人将各职位求职者的显性要素提取出来，与各岗位胜任力模型中的胜任能力一一进行匹配。匹配度的标准一般为55%，低于55%的求职者为备选人员，高于55%的求职者可以进入第二轮筛选。

（2）分析求职者资料

完成第一步筛选后，招聘负责人需要对候选人的资料进行进一步分析，确定保留人员的名单。

首先，招聘负责人需要从候选人的资料中提取关键信息，进行评估分析，判断候选人的基本能力是否符合职位需求。

其次，招聘负责人根据候选人的资料分析，对候选人进行初步判断，将明显与职位不匹配的求职者淘汰掉。

人力资源部和用人部门负责讨论候选人的初评结果，确定进入面试的人选以及面试评估的重点。

由于高阶职位、专业职位和市场稀缺性职位的求职者可遇而不可求，所以 HR 在进行筛选时，记录应当十分详尽，同时保留率要尽量高，避免错失良才。

值得注意的是，招聘负责人不要因为职位的稀缺而过于降低筛选的标准。因为在花费大量测评和面试评估成本后，如果发现该求职者不符合标准，会极大地增加招聘的时间成本和费用成本。

第二节　流程化的招聘操作实务

案例：

A公司因为业务需求，决定招聘三名服装版型师。服装部认为，版型师应该按男版、女版和童版三个种类分别进行招聘。人力资源部经理收到服装部的招聘需求后，认为分类招聘太浪费成本，可以让男版版型师兼任童版版型师。最终，人力资源部选择只招2名版型师，由服装部按照工作的同类型自行分配。

经过3个月的打版试样，新上任的2名设计师设计出了一批新品。公司将新品上市后，不但没有得到渠道商的青睐，而且童版样品被渠道商批得一无是处。服装部见此，不得不把这批新品全部下架。A公司痛斥了人力资源部经理，并要求其重新招聘版型师。

案例中，人力资源部经理的本意是为了节省招聘成本，但由于招聘不当给公司造成了很大的损失。招聘就是适时为企业提供合适的人选，如果招聘设计得不合理，就会出现岗位重叠、有事无岗等情况，严重影响企业的效率。

确定招聘流程是一个企业开展招聘工作必不可少的环节，也是一个企业规划管理的重要标志。没有流程支撑的招聘很容易导致人力资源混乱或零碎，其招聘结果往往是不可预期的。

流程是指导项目和工作的操作指南和行为准则。招聘之前，人力资源部需要确定招聘具体操作流程，确保招聘工作中各部门能够有效连接和合作，最终达到招聘工作的预期目标。

在实施招聘工作之前，要确定以下流程：发起招聘需求、选择招聘渠道、发布招聘信息、简历筛选、面试评估、背景调查、录用程序。

一、发起招聘需求

发起招聘需求是招聘流程的第一步，也是招聘工作落地的最重要的环节。简单来说，招聘需求就是了解公司有哪些岗位，这些岗位需要什么样的人，每个人要干多少工作，一共需要多少人才能完成岗位工作。

其具体流程如下：

第一，用人部门依据岗位需求确定招聘岗位和岗位编制，然后填写《招聘申请表》并提交给人力资源部。

第二，人力资源部和用人部门根据招聘需求进行深入沟通，依据公司的组织规划、年度营业计划和三年战略规划调整招聘需求。

二、选择招聘渠道

招聘需求确定之后，人力资源部需要确认公司目前可用的内部和外部招聘渠道，进而确定是否需要启用新的招聘渠道。

在选择招聘渠道时，人力资源部应当根据岗位性质和要求以及应聘者群体的特征，选择合适的渠道。比如，招聘实习生时可以选择校园招聘，招聘高技能人才时可以选择内部招聘等。

三、发布招聘信息

发布招聘信息并非简单地将招聘信息罗列到一起，然后发布到各个招聘渠道，而是在选定了招聘渠道之后，有针对性地发布信息。无论是发布的时间、内容，还是信息的形式，都需要经过严格的设计，做到精准发布。

首先，人力资源部需要掌握发布招聘信息的最佳时间。招聘信息发布的最佳时间是指有真实招聘需求的时间，通常企业发布招聘信息的时间在 3 个月之内。

虽然企业存在长期人才规划，需要进行年度招聘，但是也不宜过早地将招聘信息发布出去。一方面，企业长期挂着招聘信息会给求职者造成企业留不住人才的错觉；另一方面，企业过早地将招聘信息发布出去，很容易导致人才到岗时间和岗位需求时间不匹配，从而带来一些负面影响。

其次，人力资源部需要掌握招聘信息的设计原则。招聘信息相当于企业的"名片"，在设计时要遵循以下原则：一是以求职者为中心；二是主题清晰；三是关键信息无缺失；四是职位要留有余地；五是信息风格符合企业气质。

四、简历筛选

招聘信息发布之后，HR 至少每天筛选 1 次当天的应聘简历。筛选过程中，HR 需要注意以下几方面的内容：内容是否齐全；工作经验和工作能力；教育背景是否符合岗位要求；求职意向；有无频繁跳槽；等等。

HR 初次筛选结束后，应当将符合需求的简历交给用人部门，由用人部门确定进入面试的名单。在用人部门筛选期间，HR 需要及时跟进，通常在 1 个工作日内获取筛选结果。

五、面试评估

由于求职者的专业特点、职位高低和工作特性不同，企业在面试评估时通常会采用不同的招聘评价方式，以达到更有效、更公平的招聘评估效果。企业在进行面试评估时，其具体步骤通常包括以下几个方面：

1. 职位分类

每一个职位的岗位要求都不同，在进行评估前，HR 就需要针对职位进行分类，然后分别设置各职位面试评估原则。通常，企业职位可以从工作特性、专业特点和职位高低三个方面进行分类。

2. 制定评估环节

制定不同职位求职者的招聘评价环节，并确定每个环节的评估人员。在确定评估人员时，HR 要根据不同的评估要素来确定每一个评估人员的职责，并对最终的录用标准形成评估意见。

3. 设计评估题库

面试评估主要考查的是求职者的能力和职位匹配度，因此 HR 应当根据不同的职位要求设计题库，并且及时进行更新，避免一套题库多年不更新的情况出现。

在内容上，面试题库要避免新、奇、怪，要以职位所需能力为主。具体面试过程中，面试官不要过分依赖题库，既要注重评估方式的科学性，也要注重面试官的经验。

六、背景调查

背景调查是指通过网络核查求职者的学校背景及学习、工作经历等信息。HR 可以通过求职者提供的证明人进行调查，也可以通过网络等渠道找到其所在的学校以及任职部门进行核查。进行背景调查时，HR 需要尊重求职者的隐私，并且需要事先征得求职者同意。

七、录用程序

录用程序是招聘的最后一个环节，此环节包括录用名单确认、录用通知、签订劳动合同三个部分。

首先，人力资源部和用人部门要根据面试评估结果，共同商定录用名单。其中，人力资源部要坚持用人部门的底线，要以用人部门的判断为主，不能左右用人部门的决定。

其次，企业确定录用名单后，人力资源部应当及时将录用通知信发送给求职者。录用通知信的内容要包括基本职位信息、薪酬信息、合同方式等详细录用条件。

最后，求职者入职后，人力资源部负责将录用资料交接给员工关系组，并与求职者签订正式劳动合同，确定雇佣关系。

第三节　高效率的招聘战略

案例：

春节过后，D公司开始大量招聘员工。人力资源部按部就班筛选简历、面试评估，然后挑选出一批不错的候选人。但当HR通知这些候选人可以前来上班时，他们当中大多数人的回答都是"谢谢，我再考虑一下"。

人力资源部张经理发现这种招聘效果不佳后，就改变了一种方式。他将所有候选人都邀请到公司，然后请宣讲师介绍公司的愿景、使命、价值观，以及公司培养员工的方案。当宣讲师讲完之后，他对候选人说了这样一句话："现在愿意加入我们公司的可以留下来，其余的就可以先回去了。"

就这样，张经理成功挑选了一批"喜欢公司的人"。接着，张经理对留下来的候选人进行第二轮面试。当候选人通过第二轮面试之后，D公司还会给彼此一周的体验时间。通过这种招聘方式，D公司最终成功招聘了一大批合适的人才。

企业的竞争，归根结底是人才的竞争，人才又是通过招聘来的，因此企业的竞争力与它的招聘能力有着很大的关系。不过，现在很多企业都存在"招聘难"的问题。尤其是对于一些知名度不高的中小企业来说，"招聘难"的现象更为严重。

很多企业认为招聘之所以非常艰难，是因为现在的人才比较匮乏或者应聘者的要求太高。很少有企业意识到"招聘难"是由于自己的招聘策略不当导致的。要解决"招聘难"这个问题，实现低成本、高效率招聘，企业应当学会以下三种招聘策略。

一、有效开展招聘工作

有效开展招聘工作是招聘的重要部分，其涵盖的内容比较多。简单来说，HR 的日常招聘工作分为两部分：制订招聘计划和执行招聘工作。

1. 制订招聘计划

首先，HR 需要把每一模块的招聘工作进行细化，如招聘具体岗位执行可以分成电话邀约、面试评估、录用通知、入职培训四部分。

其次，HR 需要将细化后的工作安排到每个工作日当中。需要注意的是，招聘工作有很多内容都是重复的，比如，周一要进行电话邀约，周二和周三可能还要继续进行电话邀约等。

最后，HR 将所有的计划列好之后，应当设立每天工作的侧重点。HR 可以将每天的工作按照轻重缓急进行划分，并标注不同的颜色。先做重要紧急的事情，然后再处理重要不紧急的事情。

2. 执行招聘工作

招聘工作主要分为四个模块：一是招聘具体岗位执行；二是招聘渠道开发和维护；三是入职手续办理；四是工作总结和分析。

第一，招聘具体岗位执行。招聘具体岗位包括所有岗位，无论是职能部门还是业务层面，都要明确其在招聘工作中的具体职责。

第二，招聘渠道开发和维护。HR 可以采用表格方式分析各岗位招聘渠道，进而选择适合本次招聘的渠道。

第三，入职手续办理。候选人入职并不代表招聘工作已经结束，HR 还需要将相应的候选人交给相应的部门负责人。此外，候选人要参加哪些培训、由谁负责管理、如何总结等问题也需要 HR 给予候选人清晰的交代。

第四，工作总结和分析。工作总结非常重要，好的招聘工作总结和分析可以让招聘成绩上一个档次，也可以让领导投入更多的招聘资源。

工作总结和分析其实并不复杂，它主要包括成本和效率两个方面。成本大多数是分析招聘员工的数量和计算成本预算；效率则是分析招聘的时间节点，比如，5 天需要做完的工作，现在这样做 3 天也可以完成等。

二、建立招聘体系

完整的招聘体系是招聘工作的基础，HR 在建立招聘体系时需要做两件事情：一是深刻理解招聘体系涵盖的范围；二是有效完善招聘体系。

招聘体系分为招聘、录用、调动、离职四个部分：招聘包括编制管理、发起招聘需求、面试评估、背景调查；录用包括录用通知条款和培训流程；调动是指调动档案；离职包括离职原因和离职面谈。

1. 招聘和录用

很多人认为招聘是人力资源部一个部门的事情，用人部门只要提出招聘需求，就可以坐等人才上门了，其实不然。由于企业每个部门的工作环境、领导风格和用人理念各不相同，只有用人部门才最清楚什么样的求职者最适合本部门。

因此，在招聘过程中，人力资源部门要推动用人部门主动参与招聘的全过程。无论是招聘规划、招聘需求，还是招聘面试和录用，人力资源部门都要保证用人部门能够起到60%或70%的决定性作用。

另外，HR需要注重招聘的效率。从投递简历、筛选简历到最终的录用，HR都要严格把控每一个环节的时间节点。从面试时间、复试时间到录用通知时间，HR都要充分把握时间节点。

2. 调动和离职

调动和离职一定要有流程，比如，离职审批到哪里、离职分析多长时间进行一次、分析之后需要做什么等，都需要用文字或者表格的形式体现出来。

三、处理招聘细节

招聘中有很多小细节都比较重要，比如，员工入职后要有一个入职介绍，帮助新员工融入新工作环境等。很多企业都觉得这些小细节无关紧要，但往往很多时候新员工都是因为一些小的细节而选择离职的。因此，HR在做招聘时，一定要做好招聘工作中的一些小细节。

1. 电话邀约技巧

HR在电话邀约过程中，介绍公司的薪资福利时要判断求职者的侧重点。
通常"90后"等比较年轻的求职者更注重公司的发展和公司的工作环境，这时HR就要从公司的企业文化和内部福利方面进行介绍。40岁以上的中年求职者更注重的是公司的工资，这时HR就要着重介绍公司的薪资、福利等信息。

2. 职责内容技巧

很多企业的岗位职责内容都是照搬照抄的，甚至有的企业的岗位信息写得乱七八糟，前后矛盾，这种招聘信息显然很难获得招聘效果。

在发布职位之前，HR 一定要把岗位工作描述清楚，岗位职责要符合公司的要求。HR 必须清楚地描述出应聘者未来的工作内容和工作成果，进而撰写一个完整的岗位招聘信息。

3. 简历储备

销售类和业务类职位的流失率比较高，很容易出现员工今天入职下周就走的情况。为了防止这种情况发生后，人力资源部没有足够的人员储备，建议 HR 可以将流失率比较高的岗位招聘信息都挂出去。一旦公司出现短时间人才缺失，HR 提前建立的简历储备就可以派上用场了。

还有一点需要注意，HR 应当始终保持所有的重要岗位一年四季都在发布和刷新的状态之中，如表 4 – 1、表 4 – 2 所示。

表 4 – 1　D 公司人力资源部经理 6 月招聘计划表

日期	工作内容	重要程度
6 月 1 日	与法务经理确定报到时间	非常重要
	总经理面试官人选确认	重要
6 月 2 日	筛选财务主管简历	重要
	招聘工作总结	重要
6 月 3 日	法务经理入职手续办理	非常重要
	招聘总结分析会议	次要
6 月 4 日	接待 × 学校老师旅游考察	重要
6 月 5 日	财务主管初试	重要
	将月度总结发送到各部门	重要
6 月 8 日	门店新入职员工手续办理	重要
6 月 9 日	新版海报派发	次要
6 月 10 日	劳务公司推荐 5 名员工入职	次要
	门店员工办理离职手续	重要
6 月 11 日	财务主管第二批初试	重要
6 月 12 日	拜访 × 大学就业处主任	非常重要

（续表）

日期	工作内容	重要程度
6月15日	参加人力资源部月度会议	非常重要
6月16日	实习生座谈会	重要
6月17日	财务主管复试	重要
	与×劳务公司洽谈	重要
6月18日	工程部主管入职报到	非常重要
6月19日	确认门店编制事宜	重要
6月22日	安排暑假实习生报到	非常重要
6月23日	配合培训部组织培训	重要
6月24日	储备干部面试	重要
6月25日	确定转正名单	重要
6月26日	出差	重要
6月27日	出差	重要
6月28日	出差	重要
6月29日	确定储备干部入选名单	非常重要
6月30日	阅读招聘数据总结与分析	非常重要

表4-2　D公司招聘渠道分析表　　　　（单位：人）

渠道\部门	网站	报纸	内部推荐	实习生	中介	复职	总计
管理部	1					1	2
事业一部	24		150		25		199
事业二部			75	78			153
事业三部	29				15		44
合计	54		225	78	40	1	398

第四节　突发性招聘的应对策略

案例：

小程是一家连锁火锅店的店长，这家门店不是很大，只有5名服务员。这天，其中3名服务员同时向小程提出辞职，小程为此慌了手脚。现在正是冬季，火锅店生意非常忙，如果这3名服务员走了，肯定会影响门店正常营业。再加上马上就到年底了，新员工一时招不上来。

小程再三思虑，决定给这3名员工加薪。可是，不管小程怎么承诺加薪，真诚挽留，这3名员工还是执意要辞职。这3名员工离开门店后，整个门店就剩下2名服务员，小程愁得不得了，她不知道怎么样才能快速招聘到合适的员工。

突发性招聘是每个企业都会碰到的问题，通常突发性招聘都是由于企业员工的突发性离职导致的。企业发生突发性招聘后，如果企业的领导或者企业的人力资源部没有提前做好人员流动性预测和必要的人才储备，很容易出现和案例中小程一样的困局。

通常来说，企业发生突发性招聘的原因有以下几个方面：

第一，企业战略扩张或调整。许多企业开始准备发展多元化业务、并购重组、拓展海外市场时，企业的关键资源——人力资源就会出现严重不足，这时突发性招聘任务就会应急而生。

第二，企业优化内部管理。企业因变革需要重新进行管理或者企业需要复制另外一套管理模式时，需要在短期内补充大量的辅助人员。这种突发性招聘往往时间紧、任务重，需要动用大量的资源协同配合才能完成招聘任务。

第三，员工突发性辞职。员工突发性辞职的原因分为以下几种：企业人才竞争激烈，各个企业之间相互挖墙脚；春节过后或 6 月到 9 月毕业季等跳槽高峰期；员工个人心态不稳；高端人才出现突发性离职。

其实，无论出现突发性招聘的原因是什么，其破解之法都在于 HR 的表现。突发性招聘属于人力资源部正常范围内的业务和职责，也是人力资源部展示自身价值的机会。

当公司出现突发性招聘问题需要解决时，人力资源部首先应该提交突发性招聘解决方案，紧抓市场主线，以营销招聘的意识和行动来推动突发性招聘。

在启动突发性招聘计划之前，人力资源部还要明确企业的招聘动机，也就是招聘人员是为了解决什么问题。

比如，企业突发性招聘高级人才时，其原因如表 4 – 3 所示：

表 4 – 3　某公司招聘高级人才原因表

序号	企业动机	举例
1	领导变革	由于领导变革，其行事风格有了很大的转变，原有的管理人才与新领导班子不匹配
2	拓展业务、市场	由于新的商业模式或者市场突破，原有人才的知识和能力结构不能满足新业务的扩张需要
3	专业人才的稀缺	由于项目或业务运作需要，典型的高端人才在市场上的比率非常小，企业如果想掌握或突破某种技术，需要此类高端人才的加盟
4	引进新方法论或工具	这种情况多发生在企业遇到发展瓶颈，想要有所突破时，企业管理层已经无法依靠原有的知识结构来改变公司未来发展，只能从外部招聘人才

明确招聘动机后，HR 需要根据招聘需求全程参与招聘规划、制定和主导实施。突发性招聘也是一种正式招聘，其招聘流程不能缺少环节，更不能流于形式。在整个招聘过程中，HR 要做好所有招聘流程。

具体流程包括：识别职位空缺原因；判断这个空缺是急用的临时职

位还是固定职位，确定不同性质空缺职位；辨别目标候选人群市场；选择招聘渠道；面试或笔试；心理测试、情景模拟测试；录用人员背景调查和录用体检；录用决策、试用、签订劳动合同。

实践证明，大部分企业的突发性招聘都可以有效解决。即使事发突然，只要人力资源部事先做好以下准备工作，也能及时抢救突发性招聘之"火"。

一、做好弹性人力资源规划

企业的人力资源规划与企业的经营战略有着密切的联系，这意味着人力资源部平时要做好与业务部门的沟通联系，随时了解业务部门的工作情况。比如，今年该用人部门的经济形势如何等。在此基础上，人力资源部在进行人力资源规划和实施人员招聘过程中，注意保持一定的弹性。

二、注重平时积累

人力资源部在开展日常招聘工作过程中，要注意随时积累人才资源，开展人才库建设，确保关键时刻能够找到足够的人才。

比如，在招聘过程中，有一些候选人因为薪酬与期望不符、职位过高或过低等原因不适合当时招聘的某个岗位时，HR 不要轻易将这些候选人简历舍弃。如果候选人的基本素质达到了公司要求，HR 可以将简历予以保留。等到下次需要同样或者类似人才时，可以迅速找到储备人选。

三、选择有效的招聘渠道

突发性招聘的时间和资源都十分有限，其招聘渠道的选择相当于招聘的"命脉"，因为招聘渠道决定了企业可供选择的人才数量和质量。如果招聘渠道选择不当，就会导致资源的浪费，严重制约公司业务发展。

由于突发性招聘比较紧急，它主要注重速度和效率，所以在挑选招聘渠道上，应当有一定的组合性和搭配性，不能只在"一棵树上吊死"。如果企业在某一个招聘渠道上花费了20%的招聘费用后，发现没有明显的效果，就要及时反思，重新选择招聘渠道，并调整资源分配。

四、各部门协同合作

突发性招聘有大量的准备工作需要一一完成，这些工作仅凭人力资源部一己之力很难完成。因此在进行突发性招聘时，人力资源部应该和用人部门一起制订具体的招聘计划和流程，并分清职责，保证突发性招聘能够得到彻底执行。

具体来说，人力资源部和各用人部门需要做的工作包括以下三个方面：修改岗位说明书，明确招聘要求；梳理和改善招聘流程，以便在最短的时间内完成招聘任务；制定招聘奖励方案，确保在紧急情况下，可以又快又准地招聘到合适的员工。

第五章　岗位胜任能力测试：了解企业需要何种能力的人才

第一节　岗位胜任力模型

案例：

M公司是一家电子设备企业，最近由于公司新增了一些业务范围，公司领导决定招聘5名区域销售经理。人力资源部张经理按照招聘需求，通过简历筛选出了10名候选人。经过初次面试，张经理筛选了7名候选人进入第二轮评估。

公司领导觉得面试7个人的招聘时间太长，于是要求集体面试。张经理为此设计了集体面试方案，实施过程中，张经理、用人部门的直接上级和几位大区经理共同参与了评估。

面试过后，用人部门的直接上级和几位大区经理在确定录用名单时产生了分歧。用人部门的直接上级认为公司需要沟通风格稳健的员工，而大区经理则更喜欢性格活跃的员工，为此两个部门争执不下。

随着互联网技术的发展，企业的组织形式更趋向于多样化，其岗位种类更加丰富化，员工个性也越来越多元化。在这个过程中，能力、胜任力、素质等要素逐渐成为企业选用人才的标准。

企业各部门在招聘过程中可参考的要素逐渐增多，导致各部门在选人方面产生很多分歧。这时，作为衡量标准的胜任力模型就成为企业招聘的重要工具，被人力资源部人员重视起来。

胜任力模型又叫作素质模型，它是将一个职位所需的各种能力整合起来，并将其转化成可考查、可评估的项目。

比如，企业销售岗位需要招聘人才，那么企业就将这个岗位所需的沟通能力、影响能力、客户导向等所有的能力尽可能完整地整理出来，然后通过情景演示、案例分析等多种方法来分别判断求职者的这些能力。

岗位胜任力模型能够通过不同的方式表现出求职者的知识、技能、个性和内驱力等各方面的能力。通过这种模型，企业能够很容易判断一个人能否胜任某项工作、其未来工作绩效如何等。

可以说，岗位胜任力模型是企业评估候选人的重要工具。很多 HR 认为建立岗位胜任力模型非常复杂，其实并非如此，建立岗位胜任力模型只需要做好两件事情。

一是尽可能完整地整理出每个职位所需要的能力清单。人力资源部在建立岗位胜任力模型之前，首先要知道需要招聘的岗位需要做什么，这个岗位的合格与否、优秀与否的标准是什么，以及具备哪些能力和特质的求职者，可以胜任这个职位。

二是将所需要的能力转化为可考查、可评估的项目。人力资源部整理完招聘岗位所需的所有能力后，要把每项能力转化成能力清单，并将各项能力按照重要程度进行排序，形成职位评估清单，然后对职位胜任力要素逐一分析。

一个好的岗位胜任力模型要具有可操作性，否则只能是中看不中用的绣花枕头。建立岗位胜任力模型要做的事就是弄清楚一个职位需要什么样的人来做，这样的人要怎样才能筛选出来。

一、各部门职责

人力资源部是建立岗位胜任力模型的主导部门，但是人力资源部在专业方面有很大的限制，很难准确地把握每个岗位的能力需求。因此岗位胜任力模型是一项所有部门都要参与进来的工作。

具体来说，各部门在建立岗位胜任力模型过程中起到的作用如下所示：

1. 人力资源部为发起部门

人力资源部是岗位胜任力模型的发起者，它负责设计参与部门的工作内容，协助参与部门达成结果。其具体工作内容有制定各岗位胜任力模型的模板、模板使用说明书，协助参与部门提取关键职位的能力要素，与参与部门共同完成岗位胜任力模型。

2. 企业创始人、首席执行官为重要参与人

企业创始人、首席执行官在建立岗位胜任力模型过程中，需要提供各岗位人才的通用要素。通用要素通常指的是企业气质基因的形成因素，这些因素很有可能不能用精确的文字表述出来。所以人力资源部在与企业创始人或首席执行官沟通时，要善于捕捉他们语言中的关键信息，然后将其转化成可评估的能力。

3. 用人部门为主要参与者

用人部门负责制定本部门各岗位胜任力清单，并提供各个能力要素的初级评估方案。胜任力是一个集企业文化、客观职位基本能力和性格特征等多种维度于一体的能力标准，用人部门在制定过程中应当采纳更加专业的意见，不能以惯性思维来制定能力清单。

二、岗位胜任力模型建立步骤

企业建立岗位胜任力模型有两种情况，一种是企业在胜任力模型方面完全空白，没有可参考的资料，整个流程都需要企业在空白基础上建立；另一种是企业已有人才评估体系，人力资源部只需要在此基础上进行梳理和完善即可。

1. 在空白基础上创建

在空白基础上创建情况下，用人部门需要提取所有岗位的胜任力要素，然后由人力资源部整理后开始试用，试用过程中不断地进行改进和完善，如表 5 - 1 所示。

具体操作步骤如下：

（1）人力资源部制定岗位胜任力模型模板以及使用说明书。

表 5 - 1　岗位胜任力模型模板

能力要素		能力要求	重要性排序	权重	评估方式
操作性技能					
行事风格					
人格特征					
其他能力					

（2）人力资源部制定各参与部门工作内容，并为每项工作内容撰写使用说明。

（3）人力资源部制作岗位胜任力要素提取表。

（4）人力资源部向企业创始人和首席执行官确认用人标准。

（5）人力资源部根据收回的各岗位胜任力清单表设计各能力要素的最终评估方式。

（6）选择合适的专业机构或工具设计需要借助专业工具或专业人士的评估项。

（7）建立各岗位胜任力模型，并制定与岗位胜任力模型相匹配的招聘评估方案。

（8）循环检测与完善岗位胜任力模型，如表 5-2 所示。

表 5-2 某公司招聘经理岗位胜任力模型

能力要素		能力要求	重要性排序	权重	评估方式
操作性技能	学历	本科或以上	11	2%	毕业证
	专业	人力资源/心理学有职业资格证	10	2%	毕业证、职业资格证
	职业经历	3 年以上	1	不满足直接淘汰	个人简历、背景调查
行事风格	洞察力	高	2	30%	面试观察
	沟通力	高	4	15%	
	亲和力	中	5	10%	
	说服力	高	3	20%	
人格特征	成就动机	中	8	2%	专业测试
	忠诚度	高	9	2%	
	可信度	高	6	10%	
	解决问题的能力	中	7	5%	
	创新能力	中	12	1%	
其他能力				1%	

2. 在现有基础上加以完善

企业如果现在有岗位胜任力模型，人力资源部可以在此基础上，直接根据企业多年的用人经验与评估方式提取人才通用的气质要素，然后用人部门负责根据实际招聘需求进行调整。其具体步骤如下所示：

（1）人力资源部在原有的岗位胜任力模型基础上制定岗位胜任力模型模板。

（2）人力资源部独立完成岗位胜任力模型中企业通用要素部分。

（3）人力资源部根据企业以往资料分析岗位，提取各岗位的胜任力要素清单。如招聘人力资源部经理时，要求学历为本科或以上，专业为人力资源或心理学等。

（4）人力资源部与用人部门和专业评估机构共同对各岗位胜任力要素排序，并做权重测试。

（5）人力资源部和用人部门共同完成岗位胜任力模型初稿。

（6）各部门共同检测岗位胜任力模型，并加以完善。

第二节　岗位胜任能力

案例：

H公司打算招聘一名客服经理，由于客服经理既要维护公司的大客户，又要管理客服团队，公司领导将客服经理的气质定义为有很强的亲和力。人力资源部孟经理根据这个标准，招聘了一位有行业经验、亲和力得分比较高的候选人。

然而，这位经理上任后，对外与大客户沟通不能维护好公司利益，对内管理客服团队又缺乏威信，无法建立团队信任感。

公司领导因此斥责孟经理办事不力，孟经理为此心中不满。

孟经理将亲和力当作岗位胜任力，并以此为标准招聘客服经理，但其结果却非常差。究其缘由，是因为孟经理设置岗位胜任力的标准太过单一、绝对。

岗位胜任力是指优秀完成某个岗位工作所需要的各种能力和这些能力对胜任的影响权重，它主要包括三方面能力：可通过后天习得的操作性技能、可通过训练改变的行事风格和先天具有的人格特征。

一、操作性技能

操作性技能是岗位胜任力中最基本的能力，如果求职者缺少这种岗位基本胜任力，即使其他条件再完美，也无法胜任这个岗位。

操作性技能有两大特点：一是强制性，也就是求职者应聘岗位必须拥有的技能，如司机必须会驾驶等；二是可习得性，操作性技能可以通过后天的训练习得，通常普通人在刻意练习之后都可以达到熟练的程度。

制定操作性技能需要注意以下两点：

1. 留有弹性空间

招聘是指选择合适的人才，并非完美的人才，所以 HR 在制定操作性技能时的标准不宜过高，应该留有一定的弹性空间。

通常 HR 会将一些操作性技能设置在一个合适的水平，等其入职后再给予适当的培训，从而让员工能够达到更高的标准。比如，招聘销售人员时，不限定求职者的专业，等到符合条件的求职者入职后，再对其进行销售能力方面的专业培训。

2. 可评估性

操作性技能属于可评估性技能。如计算机编程、建造师等可以通过国家颁发的技能证书直接评估，这种评估方式的真实性和效率都比较高；客户服务、行政管理等通用类职位可以通过工作经验来进行评估，这种评估方式的真实性比较低，但可以通过背景调查进行核查。

二、行事风格

行事风格是指一个人的行为作风和态度，它很容易受到家庭教育、成长环境等多方面因素的影响。

比如，一个人一直在一个纪律严明的企业工作，那么他的行事风格就比较规范化，甚至于比较刻板；如果一个人在一个环境相对自由、没有规则的企业工作，那么他的行事风格就会比较灵活，但很有可能会不讲规则。

从个人行事风格上也可以看出一个人的价值观，以及他对职业价值、人际价值的态度。也就是说，通过行事风格，HR 可以了解求职者会以什么样的态度工作、与同事相处。因此在制定行事风格这一岗位胜任能力时，HR 需要注意以下几点：

1. 根据职位设置权重

通常在企业中级别越高的职位，对行事风格的要求越高，因为高级职位员工的行为态度的影响大于初级职位。所以当 HR 设计行事风格这一要素时，要根据不同职级对职位进行划分，然后以此来设置各个职位行事风格能力的权重。

2. 及时沟通

HR 在制定行事风格能力清单和定位时，要多与企业创始人和用人部门进行沟通，了解各个职位行事风格的具体要求。这一特殊性也决定了行事风格能力清单只能由人力资源部来完成，而不能由咨询公司来完成。

3. 深度评估

候选人的行事风格不容易通过观察而评估出来，HR 在评估这类指标时可以采用一些深度评估方式来进行初步筛选，如情景模拟、深度面谈等。

由于行事风格与个人的经历环境有很大的关系，HR 在做初步筛选时，可以利用求职者的背景经历，基于刻板原理快速评估求职者的行事风格。确定之后，HR 还可以利用一些专业测试进行二次判断，确保评估的准确性。

三、人格特征

人格特征是指个人的性格特点。在人际关系中，个人的人格特征通常分为急进和温和两种；在人格心理学中，个人的人格特征通常被分为完美型、助人型、成就型、自我型、理智型、疑惑型、活跃型、领袖型、和平型九种，所有人都是这九种类型的结合体，其中有一两种类型为个人的主类型。

1. 人格特征对胜任力的影响

个人的人格特征在一定程度上会影响其从事的职业，以及擅长的领域。比如，成就动机比较高的人更适合带领销售团队，亲和力动机比较高的人更适合提高团队的工作质量等。

在岗位胜任力模型中，人格特征并不是判断一个人是否可以胜任这项工作的要素，而是判断一个人是否可以很好地完成这项工作的要素。

2. 设定人格特征注意事项

大部分的岗位只要求求职者具备基本操作技能，并不需要其在人格特征这一能力选项中有多出色的表现，只有个别有特别任务要求的职位会注重这一特性。比如，负责销售拓展的职位、需要制定标准的质量管理职位、创业公司职位等。

人力资源部在提取岗位胜任力要素时，要充分了解各职位要求与胜任条件，不要轻易增加人格特征要素的筛选条件，否则不仅会增加招聘难度，还会降低职位工作完成的效率。

第三节　职位说明书与心理测量技术

企业构建岗位胜任力模型主要依据职位说明书和心理测量技术。

一、职位说明书

职位说明书就是职位能力清单，即某职位需要做哪些事情，做这些事情的人需要有什么能力的清单。人力资源部根据职位说明书提取招聘岗位的核心能力，然后将这些能力加以整合并分类，最终形成职位胜任能力清单。（如表5-3所示）

表5-3　某公司人事经理职位说明书

岗位名称	人事经理	所在部门	人力资源部
直接上级	常务副总	直接下级	人事主管
岗位定编	1人	日期	××年××月××日
审核人		审批人	
职责一： 人力资源规划	负责制定公司年度人力资源规划		
	负责建立公司人力资源部管理制度和流程		
	对公司和各部门组织结构的调整和优化提出合理化建议		
	负责部门职能和岗位说明书的规范和动态管理		
	负责组织内部客户满意度的调查和评价		
职责二： 招聘与配置	负责组织公司人力需求的分析与招聘计划的制订		
	负责组织公司招聘渠道的建立和管理		
	负责组织员工的招聘、选拔、晋升、试用期的评估和管理		
职责三： 培训与开发	负责编制、修订培训制度和培训控制程序		
	负责组织公司培训需求的调查和分析以及培训计划的拟订		
	负责内部培训师队伍的建设和外部培训机构的评选		
职责四： 薪酬福利管理	负责公司薪酬调整方案的拟定		
	负责公司薪酬福利总额的预算和控制		
	负责员工薪酬层级的动态管理		
职责五： 绩效管理	负责绩效管理方案的拟定		
	负责组织指导各部门对绩效考评结果统计和运用		
	负责对公司绩效考核情况进行评价和分析		
	负责对考核人员的绩效考核和绩效沟通技能培训		
职责六： 人事管理	负责员工劳动合同的签订与人事档案的管理		
	负责员工奖惩的管理		
	负责公司内部沟通工作，协调解决内部各种投诉和劳动纠纷案件		
	负责处理工伤		
职责七： 企业文化建设	负责制定企业文化建设方案		
	负责推动企业文化建设		

（续表）

职位权限	
人力资源制度以及工作流程起草权、解释权，人力资源制度以及流程执行监督权	
考核员工数据和事项的核实权	
员工投诉的核实权	
各项人事动议建议权、各类人事需求审核权、人力预算申报权和使用权	
工作协作关系	
内部协调关系	公司各部门
外部协调关系	劳动保障局、学校、劳动仲裁部门、其他政府相关部门等
任职资格	
性别与年龄	性别不限，35 岁以上
学历与专业	本科及以上，企业管理、人力资源等相关专业
经验要求	工作经验：3 年以上行业经验；3 年以上职位经验
知识要求	公司产品知识、行业基础知识、人力资源管理知识
能力要求	沟通能力、文字表达能力、说服力

二、心理测量技术

在胜任力要素清单中，行事风格和人格特征类的能力很难通过专业证书、简历等资料鉴定，这时企业往往会采用一些心理测量技术对求职者进行测试，以此来判断求职者的行事风格和人格特征。

心理测量技术主要是以心理测量为基础，针对特定的目的对求职者的素质进行多方面的系统评价。在人力资源管理中，企业大多使用测验法、访谈法、调查法、观察法、情景模拟法等方法进行心理测验。

其具体应用场景有以下三种：

1. 关键岗位招聘

企业关键岗位的招聘不同于一般岗位，新入职者如果不能胜任其关键岗位，很有可能会给企业带来巨大的损失。因此很多企业在关键岗位招聘，如拟聘首席执行官时，就会运用心理测量技术对求职者进行测试，以此判断求职者是否可以胜任首席执行官岗位。

对关键岗位的求职者进行心理测试是一项专业性很强的工作，通常需要资深职业心理学家来主导完成。大型企业一般专门设有资深职业心理学家这类人才，中小企业则没有必要专门配备这类专家级人才，如果中小企业有这类需要，可以委托专业机构代为完成。

2. 大规模招聘

企业大规模招聘求职者时，可以运用心理测验快速淘汰明显不符合岗位需求的大批求职者。这种情况下运用心理测验既可以提高招聘的效率，而且还可以减少诸如学历筛选、资历筛选等的麻烦。

3. 筛选高风险应聘者

企业中，有些岗位属于高风险岗位。例如，财务人员的胜任能力通常为专业能力，而不是社交能力。如果一个财务主管的社交能力很强，专业能力比较差，那么人力资源部就可以向企业提示这名财务主管具有高风险。

心理测试现在有成百上千种，不过没有哪种测试可以适合所有情景。比较典型的人格测试有 MBTI 职业性格测试、DISC 个性测试、霍兰德测试和卡特尔 16PF 等。

MBTI 职业性格测试是现在国际最为流行的职业人格评估工具，它是从纷繁复杂的个性特征中提炼出 4 个关键要素进行分析判断，进而区别出不同个性的人。

DISC 个性测验属于一种人格测验，它是通过 24 组描述个性特征的形容词，来判断应试者的主要人格特征。研究表明，这种心理测量技术所考查的内容与管理绩效有很大的关联，是企业甄选、录用、安置人才的良好测验手段。

企业在招聘过程中，可以根据实际情况选择适合自身的心理测试方法。

第四节　各职位岗位说明书范本

表 5-4　总经理岗位说明书

岗位名称	总经理	岗位编号	
所在部门		岗位定员	
直接上级	董事会	工资等级	
直接下级	营销总监、品管主管、行政人事主管、财务主管、PMC主管、工程主管、车间主管	薪酬类型	
所辖人员		岗位分析日期	
本职：领导制定和实施公司总体战略，完成董事会所下达的年度经营目标；领导公司各部门建立健全良好的沟通渠道；建设高效的组织团队；管理直接所属部门员工的工作			

职责与工作任务：

职责一	职责表述：制定和实施公司总体战略	
	工作任务	领导制定公司的发展战略，并根据内外部环境的变化进行调整、改善
		组织实施公司总体战略，发掘市场机会，领导创新与变革
职责二	职责表述：制订和实施公司年度经营计划	
	工作任务	依据董事会下达的年度经营目标组织制订、修改、实施公司年度经营计划
		监督、控制经营计划的实施过程，并对结果负全面责任
		组织实施财务预算方案及利润分配、使用方案
职责三	职责表述：建立良好的沟通渠道	
	工作任务	与董事会保持良好沟通，定期向董事会汇报经营战略和计划执行情况、资金运用情况和盈亏情况、机构和人员调配情况及其他重大事宜
		领导建立公司与客户、供应商、合作伙伴、上级主管部门、政府机构、金融机构、媒体等部门间顺畅的沟通渠道
		领导开展公司的社会公共关系活动，树立良好的企业形象
		领导建立公司内部良好的沟通渠道，协调各部门关系

（续表）

职责四	职责表述：建立健全公司统一、高效的组织体系和工作体系	
	工作任务	主持、推动关键管理流程和规章制度，及时进行组织和流程的优化调整
		领导营造企业文化氛围，塑造和强化公司价值观
职责五	职责表述：主持公司日常经营工作	
	工作任务	负责公司员工队伍建设，选拔中高层管理人员
		主持召开总经理办公会，对重大事项进行决策
		代表公司参加重大业务、外事或其他重要活动
		负责处理公司重大突发事件，并及时向董事会汇报
职责六	职责表述：领导行政人事部、财务部、PMC 部、品质部、工程部等部门开展工作	
	工作任务	领导建立健全公司人力资源管理制度，组织制定人力资源政策，审批重大人事决策
		领导建立健全公司财务、投资管理制度，组织制定财务政策，审批重大财务支出
		领导建立健全行政与后勤管理制度

权力：
公司重大问题的决策权
向董事会提出公司经营目标的建议权
对副总经理、总监的人事任免建议权
除公司副总经理、总监外的人事任免权
对公司各项工作的监控权
对公司员工奖惩的决定权
对下级之间工作争议的裁决权
对所属下级的管理水平、业务水平和业绩的考核评价权
董事会预算内的财务审批权

工作协作关系：	
内部协作关系	董事会、高层管理人员、公司内各部门
外部协作关系	上级主管部门、政府机构、客户、供应商、合作伙伴、金融机构、媒体等

任职资格：	
教育水平	大学本科以上
专业	相关专业或管理相关专业

（续表）

培训经历	接受过 MBA 职业培训，接受过财务、人事、法律知识培训
经验	8 年以上工作经验，5 年以上本行业或相近行业管理经验，3 年以上高层管理经验
知识	通晓企业管理知识； 具备技术管理、财务管理、质量管理、法律等方面的知识； 了解公司经营产品技术知识
技能技巧	熟练使用自动化办公软件，具备基本的网络知识，具备熟练的英语应用能力
个人素质	具有很强的领导能力、判断与决策能力、人际沟通能力、影响力、计划与执行能力、客户服务能力
其他：	
使用工具/设备	计算机、一般办公设备（电话、传真机、打印机、Internet/Intranet 网络）及通信设备
工作环境	独立办公室
工作时间特征	经常需要加班
所需记录文档	战略规划、年度经营计划、阶段性工作报告
考核指标：	
销售收入、利润额、市场占有率、应收账款、重要任务完成情况	
预算控制、关键人员流失率、全员劳动生产率	
领导能力、判断与决策能力、人际沟通能力、影响力、计划与执行能力、客户服务能力	
备注：	

表 5-5　市场部经理岗位说明书

岗位名称	市场部经理	岗位编号	
所在部门	市场部	岗位定员	
直接上级	营销总监	工资等级	
直接下级	业务员	薪酬类型	
所辖人员		岗位分析日期	
本职：负责品牌推广的各项工作，提高产品的市场占有率和公司品牌知名度			

（续表）

职责与工作任务：		
职责一	职责表述：协助营销总监，参与公司营销管理与决策	
	工作任务	协助营销总监制定营销战略，领导制定公司产品的品牌战略规划
		组织收集相关信息，及时了解和监督营销战略的执行情况
		参与制订部门的年度经营计划和预算方案
职责二	职责表述：领导建设公司市场信息系统，组织市场研究，制定产品营销组合	
	工作任务	负责领导建立市场信息系统，收集行业市场、竞争者、经销商、客户投诉等信息
		负责领导制定市场调研方案，并监督实施
		负责领导市场研究分析工作，进行产品市场定位，确定市场目标
		负责领导制定产品线规划，组织提出新产品开发立项，并组织可行性研究
		负责组织制定公司产品销售价格体系
		负责领导制定公司销售区域划分和渠道网络规划
		负责领导制定公司促销策略、促销政策，组织制定和实施市场推广方案
职责三	职责表述：领导进行销售辅助管理和客户档案管理工作	
	工作任务	负责组织协调销售与经销商的信息沟通，确保销售合同签订与履行
		负责组织客户传真、电子邮件的信息管理
		负责组织建立客户档案管理、客户关系管理、客户分级管理
职责四	职责表述：内部组织的建设和管理	
	工作任务	负责分管部门的员工队伍建设，提出和审核对下属各部门的人员调配、培训、考核意见
		主持市场、客户服务制度的制定，检查执行情况
		负责协调部门内部、部门与公司其他部门间的关系，解决争议
		监督部门的工作目标和经费预算的执行情况，及时给予指导
职责五	职责表述：完成营销总监交办的其他工作任务	
权力：		
营销战略规划建议权		
市场推广方案、调研方案审核权		
新产品开发立项建议权		
销售价格制定参与权		
代理商资格评价权		

（续表）

销售目标建议权	
权限内的财务审批权	
对直接下级人员调配、奖惩的建议权和任免的提名权、考核评价权	
对所属下级的工作的监督、检查权	
对所属下级的工作争议的裁决权	
工作协作关系：	
内部协作关系	总经理、营销总监、各部门主管
外部协作关系	相关政府部门、广告商、媒体、代理商等
任职资格：	
教育水平	大学专科以上，CET 四级以上
专业	经济、管理等相关专业
培训经历	营销管理培训、外贸知识培训、法律培训
经验	5 年以上工作经验；3 年以上管理经历
知识	通晓公司所经营产品国内外行业动态，通晓市场营销相关知识，具备财务管理、法律等方面的知识，了解公司所经营产品技术知识
技能技巧	熟练使用自动化办公软件，具备基本的网络知识，具备较强的英语应用能力
个人素质	具有很强的领导能力、判断与决策能力、人际沟通能力、影响力、计划与执行能力
其他：	
使用工具/设备	计算机、一般办公设备（电话、传真机、打印机、Internet/Intranet 网络）及通信设备
工作环境	办公室
工作时间特征	正常工作时间，根据需要加班
所需记录文档	通知、简报、汇报文件或报告、总结、合同等
考核指标：	
品牌推广工作的有效性、产品的市场占有率、促销活动的效果、销售额、销售利润率、新产品上市数量和盈利率，重大任务完成情况	
预算控制情况、关键人员流失率、下属行为管理	
部门合作满意度	
领导能力、判断与决策能力、人际沟通能力、影响力、计划与执行能力、专业知识及技能	
备注：	

表 5-6　行政人事主管岗位说明书

岗位名称	行政人事主管	岗位编号	
所在部门	行政人事部	岗位定员	
直接上级	总经理	工资等级	
直接下级	行政助理、保安员、前台、维修工、网络管理员、司机、清洁工	薪酬类型	
所辖人员		岗位分析日期	

本职：负责为公司管理层提供决策支持，保证公司内部管理体系的完整和平稳运行；进行公司形象推广、公司企业文化建设；人力资源管理及行政后勤工作

职责与工作任务：

职责一	职责表述：负责为公司管理层提供支持，并负责跟踪落实总经理和总经理办公会的决议	
	工作任务	负责组织制订公司长期发展规划和公司年度人力资源计划
		负责组织和安排管理层会议，提供会议记录与整理服务
		通报会议决议，并跟踪会议决议的实施情况
		协助总经理的工作，提供决策支持
职责二	职责表述：负责保证公司内部管理体系的完整和平稳运行	
	工作任务	负责制定和完善公司内部的管理体系和各项管理制度
		负责督促管理制度的有效执行，负责评估和监督公司内部管理的规范性和有效性
职责三	职责表述：负责制订办公室工作计划，实现工作目标	
	工作任务	制订办公室年度和月度工作目标、工作计划，并组织实施
职责四	职责表述：负责公司形象推广	
	工作任务	负责公司形象设计和推广实施
		负责组织和接待相关单位包括上级单位的来访，负责与新闻媒体的接触
		负责组织并协调公司的公关危机处理
		负责公司网站的建设与更新
职责五	职责表述：公司企业文化建设	
	工作任务	负责组织公司内部员工活动
		建立员工与管理层的沟通渠道，吸引员工关心公司事务并参与管理
		组织公司内部信息发布和内部刊物的出版

（续表）

职责六	职责表述：统筹管理公司行政后勤服务工作	
	工作任务	负责公司内外环境的管理，包括办公场所分配和办公场所的整体布置、绿化、清洁与保持工作
		负责管理公司保安和消防工作，确保公司办公、生活秩序不受干扰和公司财产、员工的安全，并定期组织检查公司消防设备设施的配置和使用状态
		负责办理公司办公用品的采购、发放和管理
		负责对固定资产的采购与管理工作
		负责公司档案和资料的收集、管理、查阅或借阅
		负责与物业管理处保持联系，保证办公场所的水、电、空调、电话等设施完好
		负责对公司内电脑和网络的管理、维修和升级
		负责公司网站平台的筹划和建设
		负责公司印章管理、合同审计和一般法律事务处理
		负责对公司出差人员的管理，并提供出国手续办理、旅程安排等方面的支持
		负责公司内的复印、传真、打印等工作
		负责公司的公务用车管理，进行科学合理的调度
职责七	职责表述：部门内部管理工作	
	工作任务	制定、修订办公室的工作程序和工作制度，并监控实施
		负责公司人力资源队伍建设，选拔、配备、评价下属人员，组织部门技能培训
		负责指导下属员工制订阶段工作计划，并督促执行
		负责控制部门预算，降低部门管理费用
职责八	职责表述：完成总经理交办的其他任务	
权力：		
对总经理办公会议和总经理决议执行情况的监督权		
调整公司管理制度的建议权，统筹制定公司规章制度的建议权		
对出差事务的审核权		
合同的审核权		
印章使用的审核权		
对各部门的安全保卫、防火、卫生整洁的检查监督权		
对各部门的安全隐患有限期整改权		
权限内的财务审批权		

（续表）

对直接下级人员调配、奖惩的建议权，任免的提名权和考核评价权	
对所属下级的工作的监督、检查权	
对所属下级的工作争议的裁决权	
工作协作关系：	
内部协作关系	公司各部门
外部协作关系	上级单位和兄弟单位、新闻媒体、物业管理处、办公用品供应商、消防部门、卫生管理部门、公安部门、街道等
任职资格：	
教育水平	大学专科以上
专业	企业管理或相关专业
培训经历	行政管理培训、企业文化培训
经验	5年以上工作经验；3年以上管理经验；1年以上部门管理经验
知识	掌握相应的行政管理、企业形象策划和企业文化建设的知识，了解公关宣传的常用做法
技能技巧	熟练使用自动化办公软件，具备基本的网络知识
个人素质	领导能力、判断与决策能力、人际沟通能力、影响力、计划与执行能力
其他：	
使用工具/设备	计算机、一般办公设备（电话、传真机、打印机、Internet/Intranet网络）
工作环境	办公场所
工作时间特征	正常工作时间，根据需要加班
所需记录文档	通知、简报、汇报文件或报告、总结等
考核指标：	
公司环境卫生状况、公司安全事故发生次数、员工满意度、固定资产状况、后勤支持投诉率、网络运行的稳定性、制度建设的完善性、组织员工活动次数、重要任务完成情况	
费用控制情况、下属行为管理、关键人员流失率	
部门合作满意度	
领导能力、判断与决策能力、人际沟通能力、影响力、计划与执行能力、专业知识及技能	
备注：	

表5-7　管理会计岗位说明书

岗位名称	管理会计	岗位编号	
所在部门	财务部	岗位定员	
直接上级	财务部经理	工资等级	
直接下级		薪酬类型	
所辖人员		岗位分析日期	

本职：负责公司财务分析，主管公司会计核算工作；负责应收账款管理

职责与工作任务：

职责一	职责表述：协助财务主管制定部门工作规划	
	工作任务	协助财务主管制定本部门的工作规划
职责二	职责表述：负责公司的财务状况分析	
	工作任务	负责对公司财务状况、经营情况、合同执行情况进行分析并撰写分析报告
		负责公司业务的专项项目（成套项目）收入、成本、费用、利润分析
职责三	职责表述：负责会计核算、财务报表编制	
	工作任务	负责会计核算工作；确认销售收入，为销售部门业绩考核提供财务数据
		负责审核会计凭证和账簿
		负责财产的清查盘点工作
		负责财产台账的登记、核对、保管
		负责编制本公司的财务报表，并上报给有关部门
		负责凭证、账簿等会计资料的保管和定期归档工作
职责四	职责表述：参与预算工作	
	工作任务	参与汇总编制各部门财务预算以及公司总预算
		监督销售部门销售收入预算的执行情况并进行汇总分析
职责五	职责表述：监督资金使用情况	
	工作任务	及时记录资金增减变动情况；按照规定编制报表，正确反映资金动态
		负责汇总、分析、编制公司资金来源运用表和差异分析报告，并定期上报
		配合其他会计进行有关账务处理

（续表）

职责六	职责表述：负责税务筹划	
	工作任务	编制所得税报表
		协助税务办理税务事宜
职责七	职责表述：负责财务部电算化会计工作	
	工作任务	定期检查电算化系统，确保其正常运转
		当电算化系统出现故障时，负责联系相关人员进行处理
		负责公司计算机内会计数据的安全性、正确性、及时性和保密性的检查
		撰写公司会计电算化系统运行总结，提出对会计软件系统的技术改进意见
职责八	职责表述：应收账款管理	
	工作任务	协助财务主管制定应收账款管理政策
		负责建立客户档案，并根据账款回收情况随时更新档案，对客户进行追踪分析
		登记应收账款台账以及其他的外汇应收、应付、预收、预付账户；负责外贸核销
		每月编制各客户应收账款详细资料，并提交给财务经理及业务部门
		负责应收账款账龄分析、平均收账期分析、坏账分析
职责九	职责表述：负责会计凭证的整理及保管	
	工作任务	负责会计凭证的整理及保管
		及时催收短缺凭证
职责十	职责表述：负责外汇核销	
	工作任务	查询出口实际收汇额，负责整理核销相关单据，交付运作支持部
		办理进口核销事务
		编制核销所需的各种单据
职责十一	职责表述：完成财务主管交付的其他工作任务	
权力：		
对不符合财经法规和财会制度的原始凭证的拒绝入账权		
会计凭证、账簿的审核权		
对没有或未被授权调阅会计档案的人员的拒绝调阅权		
财务收支活动的监督检查和分析评价权		
对违反国家政策、财务法律法规、公司财会制度的行为的劝阻权		
各部门有关资料和报表的索取权		

（续表）

对公司会计电算化系统技术改进的建议权	
工作协作关系：	
内部协作关系	公司各部门
外部协作关系	税务局、银行、外管局
任职资格：	
教育水平	大学本科以上
专业	会计专业、财务管理专业
培训经历	会计培训、财务管理培训
经验	具有会计师资格；3 年以上会计工作经验
知识	精通会计、财务管理知识，具备相应的法律、外汇、外贸知识
技能技巧	能够熟练使用计算机和财务软件，具有基本的网络知识，具有一定的英语应用能力
个人素质	具有较强的逻辑思维能力、判断与决策能力、人际沟通能力、计划与执行能力
其他：	
使用工具/设备	计算机、计算器、一般办公设备（电话、传真机、打印机、Internet/Intranet 网络、文件柜）
工作环境	财务办公室
工作时间特征	正常工作时间，偶尔需要加班
所需记录文档	财务分析报告、财务报表、会计账目、工作计划、客户档案、结汇水单、汇总表等
考核指标：	
重要任务完成情况、各类财务报告完成及时性、财务工作准确性、财务分析有效性、应收账款坏账率、应收账款信息提交及时性	
考勤、服从安排、遵守制度	
判断与决策能力、人际沟通能力、计划与执行能力、专业知识技能	
备注：	

表 5 - 8 技术员岗位说明书

岗位名称	技术员	岗位编号	
所在部门	工程部	岗位定员	
直接上级	工程主管	工资等级	
直接下级	无	薪酬类型	
所辖人员		岗位分析日期	

本职：负责进行新产品开发和产品改良过程中的制图和产品测试工作

职责与工作任务：

职责一	职责表述：收集行业市场的产品标准、测试技术和测试标准，提出产品改进建议	
	工作任务	跟踪行业市场的产品性能标准、测试标准、测试技术的变化，并收集相关信息，为工程主管参与决策提供信息支持
		协助工程主管提出测试中心建设规划
		提出产品改进建议和新产品开发提议
职责二	职责表述：参与测试中心的规划、建设、运行与维护，为公司产品提供测试服务	
	工作任务	参与规划、建设、运行和维护测试中心
		参与制定产品测试相关的标准和制度
		为公司产品提供测试服务，配合产品开发任务或产品论证工作的完成
职责三	职责表述：配合技术开发和技术文档的整理，完成制图任务	
	工作任务	参与新产品开发小组，完成制图任务
		协助对原有产品和新开发产品建立完整、规范的技术文档
职责四	职责表述：参与产品销售的技术支持	
	工作任务	参与提供公司项目合同签订前的技术支持工作
		参与解决合同履行过程中和售后维修中的技术问题
		向市场部提供产品技术描述和其他技术资料，并参与编写培训教材和用户培训工作
职责五	职责表述：完成工程主管交付的其他任务	

权力：

产品改进建议权

测试中心规划建议权

技术资料借阅权

工作协作关系：

（续表）

内部协作关系	PMC 部、品管主管、工程主管、车间主管
外部协作关系	供应厂商、行业协会等
任职资格：	
教育水平	大学专科以上
专业	机电或机械相关专业
经验	2 年以上工业设计工作经验
知识	掌握机电产品测试的原理和方法，掌握测试设备的操作和维护，掌握制图技术
技能技巧	熟练使用自动化办公软件和相应计算机辅助设计软件；具备较强的英语阅读能力，一定的英语写作和沟通能力
个人素质	具有判断与决策能力、人际沟通能力、计划与执行能力
其他：	
使用工具/设备	计算机、与科研相关的试验设备
工作环境	办公室
工作时间特征	正常工作时间，根据需要加班
所需记录文档	各种技术文档、开发过程文件、工作计划等
考核指标：	
设计任务完成率、设计文档完整性和规范性、重要任务完成率	
考勤、服从安排、遵守制度	
判断与决策能力、人际沟通能力、计划与执行能力、专业知识及技能	
备注：	

第六章　面试实务："火眼金睛"识别人才

第一节　面试流程设计

案例：

这天，从名校毕业的小孙来到一家企业面试。一进门，小孙就看到面试官非常随意地坐在椅子上，然后微笑着招呼他坐下。虽然，在面试过程中，小孙和面试官谈天说地，气氛十分融洽，但谈了半天，小孙对公司的基本情况也没了解多少。

小孙有点着急，于是向面试官问了几个公司方面的问题。面试官听完后，笑着说："这些东西以后来公司都会知道的，不用着急，我们今天随便聊聊就好。"小孙听完，觉得这家公司不够专业，所以勉强敷衍了面试官几句就走出办公室，然后将这家公司从求职名单中画掉了。

面试流程就是企业找到合适人才的过程，这听起来似乎非常简单，但实际上很多企业的 HR 都没有把这件事情做好，其中最主要的原因就是，很多 HR 都和上面的这位面试官一样，认为面试没有什么具体的流程可言，就是随便和应聘者聊聊即可。

实际上，随便聊聊这种面试方法，招聘的准确率不会高于20%，要想抓住人才，还需要一套硬核的面试流程。实战的面试流程分为五步：准备阶段、启动阶段、深入阶段、验证阶段和结束阶段。

一、准备阶段

面试前，面试官需要着重准备两方面：一是资料类准备；二是面试官准备。资料类准备包括结构化面试题、岗位说明书、打分表等；面试官准备则是指用人部门、专业人员、人力资源人员等组成的面试官团队。

其次，还需要注意面试的三个重点，即如何问、问什么和回答问题的分析。通常招聘负责人手里都有面试题库，面试官可以根据题库中的常见问题，确定考查应聘人员哪方面的知识。这样面试的前两个重点就能够把握好了，最后一个回答问题的分析就要看HR判断能力的高低了。

不同的面试官面对同样的回答给出的评分各不相同，因此在设计面试流程和规则之前，HR需要说明应聘人员的评分是如何计算的，是计算总和后去掉最高分和最低分，还是各项都去掉最高分和最低分，或者所有分数都有效。

另外在面试前，面试官还需要考虑场地的布局、面试时间的选择、面试内容的制定等问题，以便面试可以如期进行，圆满结束。

二、启动阶段

启动阶段的主要目的就是和应聘人员建立融洽的关系，具体包括欢迎、自我介绍、寒暄、介绍流程和应聘者自述。

应聘者到了之后，面试官首先应该表示欢迎，比如，欢迎来我们企业面试，我是公司的×××等。然后，面试官可以稍微和应聘者寒暄一下。寒暄的目的是让应聘者能够淡定下来，能够以平常心和你进行谈话。

接着，面试官可以向应聘者介绍一下面试的流程，比如，本公司的面试大约有几轮、具体有哪些面试程序、现在进行的是哪一步等，然后再请应聘者介绍一下个人情况。

值得注意的是，面试官尽量少用压力面试，这种方式很容易造成适得其反的效果。小高在面试的时候，就遇到过这种情况。

案例：

小高去面试的这家公司的总经理比较强势，要求总经理助理要有很强的抗压能力，因此面试官就出了这样一个损招：当招聘者来了之后，先让他们填表，然后一句话也不说，盯着他们看5分钟，谁能通过这个测试就可以留下来。

小高到这家公司后，面试官就按照这种办法考验了小高。小高这姑娘也不简单，居然硬生生地坚持到了面试结束。面试官觉得小高不错，于是让招聘经理安排小高见总经理。结果招聘经理跟小高通话时，小高说了一句你们公司领导有病，随后就挂断了电话。

三、深入阶段

深入阶段的主要目的是对应聘者作一个全方位的了解。在了解的过程中，面试官要根据候选人的简历找到关键事件，并对这些事件作一个深入的了解。如应聘者当下的工作岗位、相关的工作经历等。

实际上在面试的过程中，如果面试官沉下心来，就会发现面试是一个了解行业或行业公司最有效的机会。因为在与应聘者的交谈中，面试官就可以了解到应聘者服务的企业的大致状况，如企业有多大、多少个部门、每个岗位什么职责等。

因此在面试时，面试官即使觉得应聘者不适合，也尽量和他多聊聊，进而多获取一些相关的信息。国内职场是一个熟人的职场，当面试官积累更多的信息和人脉后，招聘工作也会变得比较容易。

四、验证阶段

验证阶段就是挖掘在深入阶段发现的关键事件，通过应聘者的简历和介绍，抓住应聘者的闪光点或其他明显特点。

举个例子来说，你需要招聘一名有责任心、做事规范的出纳人员。那么，在面试的时候，你就要看看应聘者的着装怎么样、说话有没有条理性、携带的工具是否简单齐全等。

再比如，如果应聘者认为自己的销售能力很强，面试官就可以进一步挖掘一下，这个人的销售能力强在哪里，是对产品理解比较到位，还是社交能力比较强，还是善于捕捉客户的购买心理等。

验证阶段是面试流程中最关键的一步，也是最难的一步。要想在众多应聘者中挑选出真正优秀的人才，面试官既要有专业知识，还要有识人能力以及更多的经验。如果我们在甄别人才方面有所欠缺，那么可以采用一些技术分析方面的方法。比如，在语言技巧、行为观察方面，我们可以参考表6-1。

表6-1　应聘者行为分析表

语言技巧	行为观察
频繁使用"我"字，表示比较自大； 答非所问，表示逻辑能力差； 话多、啰唆表示语言表达能力不强，办事拖沓； 感叹词太多，表示经常感情用事； 容易冲动爱用名言或哲理，表示爱炫耀等	眼光不能正视，表示不自信、心虚、懦弱、胆怯； 眼睛乱转、目光斜视，表示不认真、撒谎或者是老油条； 跷二郎腿，表示不懂得尊重别人等

五、结束阶段

面试不是面试官单方面问十几个问题就结束了的，在结束阶段面试官要给应聘者一个提问的机会，因为面试是一个双方考查的过程，应聘者也有了解公司的权利。如果面试官觉得应聘者比较优秀，还应多给应聘者介绍一下公司的情况和岗位的情况，这样能够加深应聘者对公司的印象。

第二节　面试打分标准和方式

案例：

小李是一家互联网公司的人事主管，最近她因为招聘的事非常郁闷。虽然小李是人事主管，但是她主要的工作是负责人员招聘。最烦心的就是，每次面试后，她觉得还不错的人，业务部门总是说不行。她否决的人，业务部门又从简历中找回来重新面试，并且有的还会被录用。

小李烦恼的问题是很多 HR 都会碰到的问题，其实出现这种状况最主要的原因就是，公司的面试评价标准不统一。很多公司选人都是凭直觉和经验，没有统一的面试标准。这样一来，不同的面试官挑选的人水平不一，甚至同一个面试官挑选的人水平也不一样。

比如，有的面试官，有时因为时间紧迫，随便提几个问题就匆匆结束面试；有时时间充裕，就抓住面试者问个不停，一谈就是几个小时。或者今天用这个标准来评判应聘者，明天又用另外一个标准来评判应聘者，应聘者能不能进入公司全靠运气。可想而知，这样招到优秀人才的概率非常低。

而要解决面试靠缘分这样的怪事，公司在招聘时就要制定面试评价标准。并且 HR 要和用人部门商量好，结合企业的战略，从胜任素质、任职资格以及各种能力等角度设定各岗位统一明确的面试评价维度，进而制定统一的面试评价标准。

具体的制定步骤如下：

一、确定岗位核心能力

在制定面试评价标准之前，HR 需要了解招聘岗位的胜任力是什么，进而形成岗位的大致画像。比如，开发工程师的胜任力是专业、运维能力、架构能力、学习提炼能力、承压能力、项目计划和跟踪等，那么该岗位的面试标准就要围绕这几方面制定。

确定岗位胜任力之后，HR 最好和用人部门及相关负责人共同讨论，确定该岗位核心能力。通常每个岗位的专业能力和综合能力都在 5 项之内，总评价在 10 项之内。

二、确定评分标准

每个岗位的关键能力在岗位中的比重都有所不同，在制定面试评价标准时，HR 要根据不同能力的占比确定分值和打分标准。

比如，某销售公司将沟通能力的分值设定为 0~5 分。其中 1 分的标准是口齿清晰，能够清楚地表达自己的观点；2 分的标准是善于沟通，人际关系良好，能够应付不同类型的客户；3 分的标准是能够挖掘客户需求，语言表达抓住要点，能够比较准确地表达意见；4 分的标准是语言表达简明扼要，易于理解，文字表达几乎不需要修改补充；5 分的标准是具有出色的谈话技巧，文字表达清晰、简洁、无可挑剔。

当然，不同公司对各方面能力的要求不同。我们在确定评分标准时，要根据不同岗位分别设定每个能力的分值和标准，以求达到每个岗位的招聘需求。

三、建立部门录用标准

根据部门的情况，确定每个部门的录用标准，如将评分标准设定为优秀、合格、待定、不通过四档。值得注意的是，部门的标准必须是固定的，只有这样才可以作为参考依据。

四、面试评估

面试评价标准还需要对应的面试评估，也就是我们常见的面试评语。面试评估的关键在于，面试官一定要针对面试标准给出正确的评价。另外，面试官也可以将关键问题的回答附在面试评估里面。

除了面试标准之外，HR 还要确定各部门招聘的面试方式。普通企业的面试方式一般分为一对一面谈式、一对多集体面谈式、多对一面谈式以及笔试。

一对一面谈式是指一个面试官与一个应聘者在企业指定的时间和空间里进行面对面的沟通。通常，企业决定面谈的时间和地点，所以企业方要把握好主动权，为应聘者创造一个有安全感的面试环境。

这种方式对面试官的提问技巧和面试技能的要求比较高，没有经过面试培训的面试官经常会陷入毫无目的的漫谈或细节纠缠中，因此这种方式比较适用于核心任务单一、评价维度较少的职位。

一对多集体面谈式是指一个面试官与多位应聘者进行交流的方式，也就是我们常说的集体面试。一对多面试安排的目的主要是观察应聘者在团体中的表现，并从中挑选符合岗位需求的人才。

这种方式适用于销售类、推广类、客服类等需要频繁与陌生人打交道、沟通开放性比较强的职位招聘。

多对一面谈式就是多个面试官与一个应聘者面谈的方式，这种方式又被称为结构化面试。

在多对一面试中，面试官大多由不同部门的高级管理人员，或者不同领域的专业人士组成。每个面试官在面试中的任务都不一样，面试结果为每位面试官评估结果的组合。

这种方式多运用于具有较多管理、财务、人力、业务决策权职位的招聘，如招聘部门负责人、项目负责人、公务员等。

笔试是一种书面考核方式，这种方式能够有效地测量应聘者解决问题、分析问题的能力以及文字表达能力和在其专业领域的知识水平。

笔试的试题和答案都有简单易行的判断标准，并且可以多人同时进行，因此对面试官的要求不高，对出题者和评卷者的要求较高。

这种方式比较适用于专业性很强、标准化知识运用率很高的职位招聘，如财务部门、法律部门、翻译部门、金融部门等。

第三节　面试官的选择与基本面试技巧

面试官代表着企业核心管理水平与管理气质，在面试中的主要目的就是评估、选择并吸引应聘者。一个好的面试官，至少能够让一半以上犹豫不决的应聘者下定决心留在公司。因此企业只有选择好面试官，才能吸引更多的应聘者，进而挑选更多的优秀人才。

企业的面试官团体应该是一群有个性、有特点、有辨识度，并且具有独特管理风格和气质的人。而对于企业来说，最好的代言人往往是企业人力资源部招聘经理、人力资源总监、各部门高级经理或总经理这些人。

与其他的普通员工相比，这些人在企业自身有足够的吸引力，能够给应聘者制造出榜样的效果。他们的专业度、职业感和强烈的个人风格能够有效修饰企业的弱点，为企业加分。那么，如何在这些人里面选出最优秀的面试官呢？

根据优秀企业对面试官的胜任要求和行为调研，我们梳理出了面试官四度素质能力胜任模型，如图6-1所示。

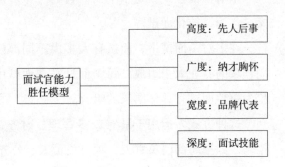

图6-1　面试官能力胜任模型

一、高度

面试官需要具备一定的高度，对面试有端正的态度和重视度。优秀的面试官应该具备先人后事的理念。简单来说，就是面试官要先把合适的人放到公司，让大家各司其职，然后再去除不合适的人，最后留下的就是公司所需要的人才。

案例：

某知名高绩效公司的CEO就奉行先人后事原则，在招聘时通常会亲自参与到关键岗位的人员招聘工作中，然后亲自负责审批重要岗位的候选人，并亲自参与到重要管理人员候选人面试中去。

　　某知名饮料企业的负责人以是否重视人员招聘和发展，作为直接下属的绩效评估重要指标。这足以看出该企业对面试招聘的重视。

对于企业来说，最重要的就是人才。作为面试官，就要站在一定的高度为公司选择合适的人，并且及时对不合适的人做出介入措施，进而保证人才招聘的有效性。

二、广度

面试官进行面试的前提是具有招贤纳才的胸怀。在面试过程中，面试官要勇于引进高素质人才，并善于协调资源，扫除人才加盟的障碍。企业招聘人才的依据是提升团队的整体素质能力，所以面试官不要因为个人偏好，或者觉得应聘者比自己更优秀，而选择招聘比现有人才差的人员，这样不符合企业的未来发展要求。

三、宽度

面试官要重视应聘者的面试体验。面试官是企业品牌的代言人和文化传递者，他们的一言一行都代表着企业的形象和素质。现实生活中，因为公司而加入，因为面试官或主管而离开的人才不在少数。

面试官应当具备一定的宽度。面试时，应该尊重应聘者，传递企业优良文化，给应聘者留下良好的印象。不要偏离面试无聊面谈，随意评价应聘者或者借用面试机会了解商业机密等。这些糟糕的面试经历很容易导致人才流失，让企业的品牌形象受到影响。

四、深度

面试官要有一定的深度，能够正确掌握面试的技能。面试就像打靶，只有目标越清晰，命中率才会越高。很多公司使用了数家甚至几十家猎头公司搜索人才，最后却总是找不到期望的人才，其原因就在于公司的面试目标不清晰。因此面试官需要掌握科学的面试技能并准确评估应聘者，进而为企业选择合适的人才。

面试的基本技巧主要包括以下几点：

第一，面试话术与节奏。面试官要把握好面试的开始、中间与结束的话题安排和节奏把握，在面试中掌握主动权，做到言之有物、有的放矢。

第二，注重面试形象。面试时遵循吸引力法则，根据面试者职位以及对求职者的初步判断，制作有吸引力的面试形象。比如，人力资源部传达给应聘者的总经理形象是一位精英型领导，那么总经理在面试时最好穿正装等。

第三，面试官的角色设定。通常人力资源部在面试时，只需要具备强烈的职业感和专业度即可，但用人部门在面试时，则需要设定具有自己管理特色的角色。不过，面试中的人设要求并不是让面试官背离自身气质去扮演一个新的角色，而是在自身气质和特点上增加企业的风格，并放大某个角度，让面试官显得更有辨识度。

第四，行为和微表情分析。面试官要有一定的行为心理学和微表情心理学基础，能够从应聘者的行为和表情中判断他们的态度、想法、表现的可信度。同时通过自己的语言、语气、节奏、表情以及肢体语言，给予应聘者一个定向形象。

面试官是企业人才流入的质检员，只有面试官合格，企业才能招聘到优秀的人才，进而创造卓越的人才价值。企业要想达到最终的招聘要求，就必须把握好面试官这关键的一环。

第四节　人才的背景调查

招聘是一个复杂严谨的过程，并且招聘过程中存在很多的风险。对于人力资源部来说，最大的困难就是人才市场鱼龙混杂，坑蒙拐骗的招数数不胜数，收到的简历难辨真伪。尤其是学历造假、捏造工作经历等问题经常会在应聘者身上出现，如果企业无法有效识别，将这些应聘者招进来，轻则会影响工作进度，重则会受到重大的经济和信誉损失。

为了降低这种用人风险，提高企业招聘的效率，人力资源部门在录用员工之前，必须先要做好背景调查这一关。

企业通过背景调查，可以更加清楚地了解应聘者面试信息的真实性，同时掌握应聘者避而不谈，但与工作息息相关的其他信息，进而确认应聘者是否是公司真正需要的人才。可以说，背景调查在很大程度上决定了招聘工作的成败，是企业招聘过程中的一项"秘密武器"。下面，我们就一起来看看这项"秘密武器"的使用方法。

一、调查要求

第一，背景调查前必须通过书面的形式告知求职者将对其进行背景调查。应聘者同意后，请求其留下相关信息以及能够证明自己工作经历的人的联系方式，最好是应聘者的直接上司、同事或者 HR。

第二，调查过程中，要尊重应聘者的个人隐私，不能随意透漏应聘

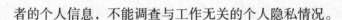

者的个人信息，不能调查与工作无关的个人隐私情况。

第三，在取证的过程中不能出现违反国家法律法规的行为。

第四，背景调查可以自主选取。通常调查的主要方式包括电话调查、问卷调查、网络调查、委托调查机构调查等。

二、前期准备

企业在对人才做背景调查之前，需要收集、准备调查所需资源。准备阶段是背景调查的基础工作，主要包括应聘者提供的原始基本信息、证明人确立、职位特性分析、分析报告的可执行比率等工作。

获取信息前，人力资源需要设计专用的信息收集流程和模板，全面收集应聘者的信息，以便保证背景调查顺利进行。

另外，背景调查要根据岗位来确定调查的强度。通常岗位职责越大，背景调查的强度也越大。比如，调查财务岗位的背景，一方面要了解应聘者的能力和经验是否符合岗位要求；另一方面还要核实应聘者的职场信用。因为一旦财务的能力出现问题，就会算错账，进而给公司造成极大的损害。

三、调查内容

企业在招聘过程中对员工进行背景调查是必不可少的步骤，其主要调查内容包括以下几个方面：

1. 基本信息

基本信息包括姓名、身高、家庭住址、身体状况等信息，此类信息的真实度通常很高，但 HR 也不能忽略这一步。对于某些行业来说，隐

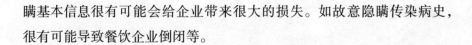

瞒基本信息很有可能会给企业带来很大的损失。如故意隐瞒传染病史，很有可能导致餐饮企业倒闭等。

2. 学历

无论公司所提供的职位对学历有什么要求，在录用员工前公司都有必要核实应聘者学历的真实性。曾经就有一些求职者随意编造学历，到处招摇撞骗，致使很多公司深受其害。

3. 工作经历

在发达的信息时代，很多应聘者在网上借鉴隐瞒背景调查的方法，如什么样的工作经历应该隐瞒、什么样的离职原因不能说等。而作为招聘方，如果想要找到优秀人才，就需要认真调查应聘者的工作经历，避免公司因此遭受损失。

工作经历的调查主要包括应聘者的具体工作内容、工作表现、人际关系能力、离职原因分析、个人魅力、证明人与应聘者之间的关系等内容。这一方面的调查尤为重要，很多看起来比较合适的人才往往都是在这一步的调查中被排除和淘汰掉的。

4. 个人资信

每个企业都希望自己的员工品行端正、无不良嗜好、信用度良好。然而这些在应聘者的资料和面试陈述中，很难检测信息是否真实。因此，在背景调查时，HR 要针对应聘者的个人资信展开详细调查，如查看应聘者的失信记录、信贷违约记录等。

5. 商业背景调查

录用前，HR 还需要核实应聘者是否存在严重的商业欺诈、违约情况，或者是否还在担任其他公司的法人、监事、高管。这一问题直接影响着公司的经营，因此 HR 一定要慎重对待。

四、注意事项

为了避免主观因素的影响，保证背景调查的客观公正，在做背景调查时，HR 应当向应聘者单位的人力资源部调查，应聘者上级主管、同事或客户可以对其进行补充说明。

具体来说，在背景调查过程中，HR 需要注意以下几点。

第一，调查工作经历时，优先选取应聘者的前上司或同事进行调查。这些人和应聘者有最多的工作接触，对应聘者的品行、能力比较了解。

第二，背景调查要和人员测评结合使用。背景调查也并非万能，其真实性也不是100%，因此将背景调查与其他甄别手段结合在一起，可以有效提高甄别人才的准确度。

第三，与被调查人交流时，务必告知调查的目的，并且让对方确知背景调查的保密性。

第四，谨慎看待推荐信的价值。利用推荐信预测应聘者的工作能力和业绩的效果是最差的，因为大多数推荐信所提供的证明材料都是积极的，所以很难通过推荐信对人才进行区分。

第五，谨慎调查求职者的犯罪记录。犯罪记录属于个人隐私，公安部门有义务为当事人保密，一般不能随便公开。

第五节　不同形式的面试

每个企业的岗位需求、人员配置等人力资源情况各不相同，其招聘过程中采用的面试形式也不尽相同。具体来说，企业运用的面试形式有以下几种：

一、无领导小组讨论

无领导小组讨论又叫作小组面试、群面，它是目前企业在招聘时运用得比较广泛的面试形式。其面试流程一般包括说明阶段、自我介绍阶段、审题思考阶段、观点陈述阶段、自由讨论阶段以及总结陈词阶段。

通常大学里学生干部进行选拔时，经常采用这种形式，所以大部分人对这种面试形式并不陌生。在企业面试中，公司通常会将 6 到 10 个应聘者组成一个小组，然后让应聘者以小组讨论的方式，共同解决企业给出的一个问题。最后，经过各种观点和思想的碰撞、提炼，这个小组共同找到一个最合适的答案或结果。

无领导小组讨论的题型大致有三类：一是案例分析，二是问题解决，三是技能考查。

无领导小组讨论的角色分工分别为领导者、时间掌控者、建议者、破冰者、记录员、总结者等。

由于无领导小组讨论是整个小组共同解决问题，所以它不仅仅考验应聘者的个人素质和分析能力，更考验应聘者的沟通能力、应变能力、团队合作能力、人际影响力等各种团队能力。

通过这种面试形式选拔出来的人才，能够更快地融入企业中，并且在短时间内能够处理好同事、领导之间的人际关系，从而有效提高各部门的工作效率。因此，很多企业在招聘时都对无领导小组讨论面试形式青睐有加。

二、案例面试

案例面试属于咨询人员专业技能面试，通常咨询类公司经常使用这种面试形式。在面试中，企业一般使用一些比较简单的商业案例来考查应聘者的专业素养、应变能力、逻辑分析能力等各种能力。

案例面试整个流程大致需要 45 分钟，简单寒暄、自我介绍、行为问答这三部分通常在 10 分钟到 15 分钟内完成，案例问答和陈述一般在 30 分钟内完成。

案例面试有两个典型的特征：一是互动性；二是重过程。

互动性是指面试过程中，面试官当场给应聘者一个案例，并就案例与应聘者不断互动，也可以说，面试官在这一过程中扮演的是客户角色。

重过程是指案例面试的重点不在于应聘者对案例的分析是否正确，大部分的案例是没有标准答案的，面试官要看到的是应聘者在分析案例时的分析思路和逻辑条理。

三、评价中心

评价中心是外企比较常用的面试形式，它主要是通过小组讨论、个人演讲、角色扮演等情景模拟法对应聘者进行测试，进而考查应聘者的个性、动机以及各方面能力。

评价中心的核心技术就是创造一种逼真的工作环境或者管理情景，然后将一组应聘者放入其中，要求完成各种各样指定的动作。

常见的评价中心包括以下几类测评内容：公文处理、小组讨论、个人演讲、角色扮演、客观测试、管理游戏等。

公文处理是指让应聘者处理模拟情景中的待处理材料，如报告、信函、备忘录、电话记录等。

小组讨论就是采用无领导小组方式，让每组应聘者共同解决一个问题或案例。这一步和无领导小组面试一样，都是以小组的形式进行考查，但评价中心和无领导小组面试的最大区别在于，评价中心必定有一个环节是让每一个应聘者单独表现自己。

个人演讲是指让应聘者就指定问题或题目进行演讲，面试官通过应聘者的表现来评价其沟通技能、逻辑能力等各种能力。

角色扮演是指让应聘者模拟拟聘职位，处理该职位相关的工作，面试官需要就此判断应聘者的相关专业知识水平和实际解决问题的能力。

客观测试就是我们常说的笔试，通常包括人格测试、智力测试、推理测试和专业测试等测试。

管理游戏通常要求应聘者解决一些真实商业环境中的案例，比如，如何做广告宣传、保持多少存货等。

四、行为面试

行为面试是通过一系列类似"这件事情是什么时候发生的""你当时是怎么想的""你最后是如何应对的"等具体行为问题，来考查应聘者在特定方面的能力和素质，并以此推测应聘者以后在工作中的行为表现。

行为面试应用非常广泛，尤其是在快速消费品行业，大多数企业在面试中都会采用行为面试问答方式来考查应聘者的综合能力和素质。

五、压力面试

压力面试是指故意制造紧张气氛，以此来观察应聘者的抗压能力、应变能力、人际关系处理能力等各方面的能力。

这类面试往往穿插在面试过程中，面试官通过提出不礼貌的、冒犯的问题，或者针对某一事情做一连串的发问，或者故意挑衅、怀疑应聘者等方式，了解应聘者如何面对工作压力。

要注意的是，面试官在进行压力测试时，应当把握施压的尺寸，不能过分苛责、刁难，避免应聘者因此对面试官及公司产生不良印象。

六、结构化面试

结构化面试是一种标准化的面试形式，它的面试流程、内容、评分方式都是事先设定好的，因此结构非常严密，层次性比较高。面试过程中，面试官应当按照设定的方案考查应聘者，并根据设定的评分标准给予评价。

结构化面试多用于公务员、事业单位以及部分国企的面试中，在普通企业的运用率比较低。

七、电话面试

电话面试就是通过电话沟通了解应聘者的基本情况。通常面试官会先让应聘者做个自我介绍，然后针对简历中的相关信息进行提问。由于电话面试这种方式比较突然，所以能够考验应聘者的应变能力、沟通能力等各种能力。

第六节　录用通知的发放方式

案例：

K公司人力资源部郑经理通过面试，确定了两位渠道经理候选人姜先生和范先生。郑经理找到销售总监，征求其意见。销售总监看完这两位候选人的资料后，随口说了一句"就选姜先生吧"，郑经理随即便和姜先生取得联系，商讨入职事宜。

姜先生收到录用通知后，购买了到 K 公司所在城市的机票，准备前往公司入职。这时，销售总监告诉郑经理，他思虑再三，还是觉得范先生更适合这个岗位，要求郑经理联系范先生办理入职。

无奈，郑经理只能再次联系姜先生。姜先生认为公司言而无信，十分气恼。郑经理只好再三向姜先生道歉，并支付姜先生因为退票产生的费用以及一部分补偿。

录用是面试过程的最后一个环节，候选人录用名单由人力资源部和用人部门共同确定，用人部门的意见为主要意见，人力资源部负责向录用的候选人发送书面通知。

为了保证录用的客观性和公正性，人力资源部和用人部门在录用环节要对求职者的不同能力进行评估，并谨慎确定录用结果，避免出现类似案例中前后不一的情况。

一、各部门职责

为了有效规避用人的法律风险，人力资源部和用人部门应当对录用环节的职责做以下划分：

1. 人力资源部职责

在招聘评估过程中，人力资源部的评估主要侧重于下面几项指标：候选人的背景与其职务是否匹配；候选人的行事风格与公司文化以及部门领导风格是否匹配；候选人未来发展潜力是否与公司战略远景相匹配。

2. 用人部门职责

用人部门的评估侧重于与专业相关的硬指标。具体包括以下几个方面：候选人的业务能力；候选人处理各类事件的能力；候选人现有资源的重要性；候选人未来能够给本部门带来的现实价值。

二、录用程序

录用程序中的每一个环节都关系到候选人是否能够顺利入职，并且录用的每一步都要依据《劳动法》《劳动合同法》的相关条款进行。

具体程序如下：

（1）人力资源部和用人部门共同确认录用名单，其中人力资源部必须坚持道德底线，并以用人部门的意见为主。

（2）人力资源部核实候选人所提供的重要信息，如学历的真实性、是否有犯罪记录、相关者的职业评价等。

（3）人力资源部使用企业官方邮箱向候选人发送录用通知，录用通知信息最好同步到候选人的电话短信。

（4）人力资源部将录用者信息转交给用人部门，用人部门在新员工入职后，安排好相关的入职事宜。

三、录用红线

无论是在招聘的哪一个环节，对候选人的道德要求都必须放在第一

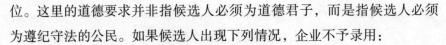

位。这里的道德要求并非指候选人必须为道德君子，而是指候选人必须为遵纪守法的公民。如果候选人出现下列情况，企业不予录用：

（1）与原企业处于劳动关系续存期间。

（2）曾经泄露公司商业机密或技术文件。

（3）带领团队集体跳槽到竞争公司。

（4）有严重酗酒史、赌博史或者大额欠债史。

（5）其他违反国家法律的行为。

四、录用通知信的设计与发送

录用通知信是企业与求职者进行最终入职信息的确认环节，《劳动合同法》对企业录用通知信的法律效力有明确的规定。人力资源部在设计录用通知信时，务必要保证其内容的完整性以及约定条件的合法性。

一封完整的录用通知信应该包括以下几方面内容：被录用者的职位名称、所属部门；被录用者回复录用通知信的方式与最后日期；明确被录用者入职报到日期；明确报到所需的资料清单；明确特殊要求，如入职前需获得体检结果；责任声明；录用通知信有效期说明。

某公司录用通知信案例：

×××：

经面试评估，本公司决定录用您为本公司人力资源专员，您的直接上级为×××。在试用期期间，本公司将按照试用期员工工资标准每月发放工资3 200元整，试用期满后，将按照正式员工工资标准每月发放4 000元整，试用期期限为4个月，劳动合同期限为3年。

如您对本录用通知没有异议，请于××××年××月××日携录用通知单到 G 公司报到。此录用通知单具备一定的法律效力，双方一旦签订录用通知单，便应信守承诺，如有变动请及时通知对方。

报到时，您需要携带以下资料：身份证；户口本首页和个人页复印件；毕业证书和学位证书原件及复印件 1 份；1 寸蓝底彩色照片 2 张；其他相关证书原件及复印件 1 份。

如您对以上事宜有任何疑问，请与人力资源部×经理联系，联系电话为×××××××××××，本公司地址为××××。

很高兴您成为本公司的一员，期待您的到来！

祝愉快

G 公司人力资源部

××××年××月××日

人力资源部发送录用通知信之后，如果认为还有未说明事项，可以再发补充电子邮件进行说明。值得注意的是，补充电子邮件也需要被录用者明确回复知晓相关事宜。

现在大部分企业除了发送录用通知信，还会再打电话确认通知信的收取或强调关键内容。还有很多企业会直接忽略录用通知信这一环节，直接采用电话通知方式告知被录用者相关事宜。

录用电话一般由人力资源部的招聘负责人来拨打，其电话内容包括职位基本信息、职位特殊信息、入职时间、回复时间等。

与录用通知信相比，电话通知的规范性和法律约束性比较低，所以人力资源部在发起电话通知时，一定要保证通知事宜的准确性。一则好的电话通知也能起到正式录用通知信的效果，人力资源部千万不要忽略电话通知的重要性，因为一通随意的电话搞砸招聘工作。

第七节　面试相关表格

表6-2　面试官素养要求表

基本素质	具体要求
态度	1. 平等的心态，尊重的态度； 2. 不能有高人一等的优越感
职业形象	1. 女性不能穿透视装； 2. 上装若无领则必须有袖，若无袖则必须有领； 3. 下装短不宜在大腿以上，长不宜在脚踝以下； 4. 鞋子不能为人字拖或明显的家居拖； 5. 身上的首饰不能超过5件，不能戴一只耳环或戴满整个耳朵的耳环，男性面试官不宜戴耳环； 6. 不宜露出夸张的文身，如有文身，可以用服装做暂时的遮掩与修饰
专业表现	1. 寒暄时不要八卦； 2. 对证件资料的核实提问要有技巧，不要带有审问感； 3. 对私人问题要有分寸感； 4. 对应聘者描述的专业领域不能不懂装懂，也不能完全不懂，坦诚的同时要抓住问题的核心； 5. 温和而坚定地掌控面试节奏； 6. 礼貌并有分寸地回答应聘者的问题，不要回答应聘者套近乎的问题； 7. 面试结束后，应当起身目送应聘者离开
面试基本业务	1. 掌握行为心理学和微表情心理学常识； 2. 掌握行为评价法、事件评价法等人力资源专业知识； 3. 深刻理解企业的发展与现状； 4. 了解并熟悉所面试职位的工作内容、工作特点以及工作难点； 5. 了解同行的发展现状与大事件； 6. 了解企业领导人与部门领导人的行事风格、用人部门的团队风格

表 6 – 3　面试评价标准表

姓名		性别		年龄		应聘职位		籍贯	
毕业院校				专业				工作年限	
评分要素			参考标准					得分	
举止仪表（5分）			仪表端正，装扮得体，举止有度						
对本职位的欲望（5分）			对本公司做过初步了解，面试经过精心准备，面试态度认真，待遇要求理性						
综合能力（25分）	自我认知能力（4分）		能准确判断自己的优势、劣势，并针对劣势提出弥补措施						
	沟通表达能力（6分）		准确理解他人意思，有积极主动沟通的意识和技巧，表达流畅，有说服力						
	分析能力（5分）		思路清晰，富有条理，分析问题全面、透彻、客观						
	应变能力（4分）		思维反应敏捷，情绪稳定，考虑问题周到						
	执行力（6分）		能够服从领导工作安排，并全力以赴完成任务						
专业能力（25分）	可塑性（6分）		学习力较强，能够接受他人的观点						
	专业知识（7分）		精通本岗位专业技能，能够熟练操作专业软件						
	性格（5分）		自信开朗，积极乐观，性格与岗位要求相匹配						
	团队意识（7分）		团队合作意识强，能够为团队做出超越期望值的付出						
评定总分									
评语及录用建议									
面试人			（签字）　　　　　日期：　　年　　月　　日						

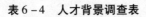

表6-4　人才背景调查表

拟聘人姓名：

拟聘人职位：

调查人			调查时间			
调查方式	1. 电话调查 2. 问卷调查 3. 网络调查 4. 委托调查机构调查 5. 其他（　　　）					
背景调查项目及结论						
基本信息	姓名		性别		年龄	身高
	健康状况		文化程度		婚姻状况	
学习经历	起止时间			教育概况		
最近第一工作单位	名称			联系电话		
	受访人姓名			关系		
	是否在该单位担任××职位					
	在该岗位上的工作表现如何					
	在该公司工作时间以及离职原因					
	在该公司的薪资情况					
	同事对该员工性格的评价					
	综合评述：					
最近第二工作单位	名称			联系电话		
	受访人姓名			关系		
	是否在该单位担任××职位					
	在该岗位上的工作表现如何					
	在该公司工作时间以及离职原因					
	在该公司的薪资情况					
	同事对该员工性格的评价					
	综合评述：					
备注						
综合评价						

第七章　入职建档：管理好人才才能留住人才

第一节　入职员工的管理手册

案例：

R 公司新招聘了两名海外采购人员小邓和小孙，其工作职责主要为根据流行趋势采购设计样品。入职后的第一个月，小邓找到人力资源部的小杨，抱怨说他们部门的产品总监根本不了解海外的流行趋势，指定的设计样品很过时。

小杨听完后告诉小邓，他也认为产品总监的品位不行。两人就此找到了共同语言，开始一起吐槽产品总监。

一个月后，产品总监向人力资源部反映，新来的职员小邓采购的样品偏离采购计划，建议辞退小邓。人力资源部则认为小邓的工作能力和经历都可以胜任采购这一职位，但产品总监却坚持自己的意见。小邓见此情景，自行办理了离职。

新员工入职初期是离职的高危期，这一阶段人力资源部要及时了解新员工入职情况，跟进与化解新员工入职期间出现的问题。根据数据统计，招聘工作者如果能做好新员工入职后的关键期管理工作，新员工离职率能够降低 60% 以上。

一、报到手续

新员工入职第一天，人力资源部应当帮助新员工完成入职报到手续。具体来说，报到手续包括以下几个方面。

（1）新员工填写《新员工入职登记表》，并交验身份证、学历证书、其他资格证书原件及复印件等各种证件，人力资源部予以核实后将《新员工入职登记表》以及证件复印件留存归档。

（2）行政部准备好新员工所需办公用品以及考勤卡，新员工入职后一一发放。

（3）人力资源部负责通知相关部门为新员工开通公司信箱，并向新员工发放《员工手册》，以便新员工了解办公环境及岗位工作等内容。

（4）人力资源部按照新员工培训要求，统一安排新员工进行入职培训。

二、入职引导

（1）新员工正式入职后，人力资源部须按照规定举行欢迎仪式，帮助新员工认识新工作环境和新工作同事，以及公司各部门主要服务功能。

（2）用人部门接收新员工后，需要向新员工明确该部门名称、部门管理人员、直接主管。直接主管负责制定新员工工作内容，同时直接主管和部门经理负责对新员工工作情况进行评定。

三、劳动合同

（1）新员工办理完入职手续后，公司负责人需要与新员工本人签订《劳动合同》。签订之前，新员工应当仔细阅读和了解《劳动合同》的文件内容，同意后在《劳动合同》上签字。一经签订，《劳动合同》即产生法律效力。

（2）按照招聘岗位需求，用人部门有权对新员工实行全面考核，择优留用，并执行 3 个月的试用期。试用期间用人部门发现新员工与该岗位不匹配的，可以随时辞退。员工在试用期内对工作存在异议，同样可以随时离职。

（3）除因违法违纪、即时辞退之外，新员工申请离职或企业提出辞退均需要提前一个月通知对方。离职前，员工需要办理好部门档案、技术资料等清理交接工作。

（4）《劳动合同》期满后，企业可以根据需要，与员工续签劳动合同。员工不想继续在该企业任职的，也可以依法解除合同。

四、员工权利与义务

（1）员工应当自觉遵守国家的法律法规，不能有违反国家政策、法规、法律的行为。

（2）树立正确的价值观和企业文化理念，关心和维护国家和企业的利益，忠于职守、高效率完成本岗位内的各项工作。

（3）努力学习政治、科学、文化知识，不断提高政治、科学、文化、技术等各方面水平。

（4）遵守企业制定的各项规章制度。如果员工对本企业规章制度存在异议，可以在执行制度的前提下，向企业相关部门人员提出意见与建议。

（5）员工对本企业管理人员的工作有提出批评和建议的权利。管理人员存在违法违章或失职行为时，员工有申诉、控告和检举的权利。

（6）员工享有本企业《劳动合同》中规定的劳动、工资、福利等各项权利。

五、工作纪律

（1）工作期间，员工应当无条件服从本企业的工作分配、工作指挥。

（2）员工应当自觉遵守劳动纪律，按时上下班，不无故旷工、迟到、早退。工作期间，员工不能擅自离开工作岗位，不能做其他与工作无关的事情。

（3）员工工作时应当集中精力，认真负责地完成每一项工作，保证工作的质量和效率，爱护办公设备、工具等企业一切公共财物。

（4）员工应当自觉保守企业的技术、商业等机密。

（5）员工应当自觉遵守企业文明办公的制度规定，保持工作环境的整洁，维持企业良好的卫生形象。

（6）对外交往中，员工应该坚持热情礼貌的工作态度。洽谈业务时，员工应该举止大方、慎重处事，展现公司良好形象。

六、考勤与请假制度

（1）上下班作息时间需要进行变换时，由企业管理人员作出决定并进行书面通知。

（2）各部门自行负责该部门的考勤工作，各部门的考勤员必须保证考勤记录表的正确性。

（3）考勤工作主要包括出勤、病假、事假、迟到、早退、旷工、加班、出差、工伤等项目。

（4）考勤员必须每天按时正点考勤，并准确填好考勤记录表，部门负责人签字后，该表将作为核发工资和扣发工资的考勤依据。

（5）员工因病请假或因事请假必须提出书面申请，所在部门负责人审核批准后方可休假。

（6）员工因工受伤，需要由事故发生部门写出书面报告，经部门负责人审核确定工伤性质和伤残程度，并报请公司管理人员同意后，方可按照工伤有关规定休假。

（7）未按照考勤与请假制度办理请假手续，无故不上班的员工，按照旷工对其进行处理。

七、工资福利

（1）员工工资按照其职务、业务水平、工作表现由各部门自行确定实施办法。实行月薪制的员工，工资数额应在《劳动合同》中予以明确。实行按劳发放工资的员工，工资按照企业工作考核办法和劳动效率计算。

（2）企业的工资管理由财务部具体负责，每月按照每个员工的考勤和业绩计算工资数额，企业财务主管批准后予以发放。企业发放工资日为次月×日，如遇休息日或法定节假日，按照规定调至节假日前一个工作日发放。

（3）企业将会根据企业经济效益和个人实际表现，不定期进行工资调整，其工资水平的趋势应在最初工资基础上逐步提高。

（4）企业实行最低工资保障制度，最低工资按照所在地人民政府人力资和社会保障部门规定的具体标准执行。

（5）员工可享受交通补贴、电话补贴、住房补贴等各种福利补贴，具体补贴标准按照《劳动合同》规定执行，补贴数额每月与工资一起发放。

八、奖惩制度

企业实行有功者奖、有过者罚的奖罚分明的制度。奖励方式采用精神鼓励和物质鼓励相结合的办法；惩罚方式坚持思想教育和处罚相结合的原则。

第二节　员工入职的阶段性跟进

案例：

小侯刚来 T 公司不久，对公司的工作环境还不熟悉。招聘小侯进公司的 HR 将小侯安排在销售部之后，就开始忙其他的招聘工作了，一时顾不上照顾小侯。

小侯进入销售部后，部门经理没有给其安排具体的工作，小侯看着其他的同事忙忙碌碌的，感觉自己被边缘化了，也很无助。最让小侯焦虑的是，他感觉找卫生间的时候非常尴尬，既怕问同事的时候打扰他们工作，又怕自己找的时候被领导发现，认为他在工作时间闲逛。

两天后，小侯以适应不了工作环境为由申请离职。用人部门找到人力资源部，抱怨他们招聘的人不合格。人力资源部则认为，用人部门太过冷落新员工。两个部门就此意见不合，互相指责。

相关数据表明，新员工入职的第一周、第一个月、第三个月、第六个月这几个阶段是离职的高峰期。在这些特殊时期，如果人力资源部没有做好招聘跟进工作，新员工很有可能会和案例中的小侯一样，选择离职。

招聘跟进是人力资源部在招聘结束后，阶段性地了解新员工的工作现状并对其提供相应的帮助，以便新员工能够快速适应新的工作环境，安全度过离职的高危时期。

在不同的阶段，人力资源部需要做的跟进工作如下。

一、适应阶段

新员工入职的第一周属于适应阶段。这一阶段新员工在一个陌生且有压力的环境里，可能会出现很多问题。比如，与上司沟通不愉快，遇到问题得不到帮助；被老同事排挤；没有具体工作，感觉边缘化等。

这些问题在老员工看来只是一些小问题，但是对于新员工来说，这些就是跨不过去的坎儿，甚至于很容易因此产生离职的想法。

在刚刚入职一周的时间里，新员工往往比较信任招聘他们进公司的同事。所以人力资源部同事在这一个阶段，应当主动了解新员工的适应情况，并帮助他们化解下列问题。

1. 了解用人部门工作计划

用人部门在新员工入职后应当及时安排培训，HR 要及时帮助新员工了解用人部门的培训计划并记录下来，在培训期间随时跟进。如果用人部门没有安排培训计划或者具体的工作，HR 要提醒用人部门及时安排。

2. 了解上级评价

HR 应当及时询问新员工的直接上级，新员工的入职表现以及对新员工的工作要求。同时，HR 需要向其直接上级描述新员工的优势和劣势，并给予管理建议，以便其直接上级可以全面性地对待新员工。

3. 了解新员工遇到的问题

新员工在工作时间、工作环境等方面出现的不适应性问题，HR 需要及时了解并帮助新员工解决。为了让新员工更快地适应新环境，HR 可以在新员工入职前，详细地向新员工介绍公司的环境、文化以及工作制度。

4. 给予新员工安全感

HR 是新员工入职第一周比较信赖的人，所以 HR 在与新员工沟通时，最好保持中立稍偏向新员工的立场，着重帮助新员工适应公司，给予他们一定的安全感。

二、工作阶段

新员工入职一个月时，已经开始参与部门内的工作，并接受一些与职位相关的工作。这时候他们最大的顾虑就是与部门的沟通问题，如果他们与部门相关人员在沟通工作的过程中存在一定的困难，他们就会生出是否继续留在公司的疑虑。

在这个阶段，HR 需要重点关注新员工的工作进展，以及和部门同事、上级之间的关系是否融洽。

（1）保持一定频次的沟通，及时了解新员工的动态和想法。

（2）肯定新员工的工作业绩，适时提醒工作中容易出现的差错，尽量避免新员工与同事或上级之间发生矛盾。

（3）与新员工的直接上级、直接负责人沟通，了解新员工第一个月的工作情况。

（4）单独与特别好或者特别不好的新员工沟通，对其加以表扬或指导。

三、考核阶段

入职的第三个月是新员工的第一个重要考核期，这次考核既是公司对员工的考核，也是员工对公司的"考核"。

对于企业来说，企业会再次考核新员工的各方面能力，以此来判断新员工是否与其职位相匹配；对于新员工来说，这个阶段是一个决定去留的重要关口，通常很多新员工会因为业绩不达标、直接上级理念等问题，产生想要离开公司的想法。

在这个阶段，人力资源部的主要目标是客观评价、协助融合。具体要做以下事情：

（1）与用人部门共同考核新员工的工作业绩，并根据新员工的具体情况给出客观公正的评价。

（2）与用人部门协商确定转正员工名单，并确定新员工转正之后的工作内容以及未来的工作计划。

（3）与留用员工进行转正面谈，对其进行客观的评估和表扬，促进新员工在未来工作中快速成长，提高新员工的留存率。

（4）对于不予留用的员工，HR 需要对其进行离职沟通。然后，HR 需要将员工的评估报告转给员工关系组的同事，由他们解除试用期劳动合同。

四、成就阶段

员工入职半年后，已经和企业有了一定的融合，可以独立开展本职工作。在这个阶段，他们会更多地考虑个人在团队中的成就感和价值感。如果他们的价值期望和成就期待有所降低，则会容易产生失望、倦怠，甚至离职的想法。

这个时候，人力资源部需要做的就是给予更密切的关注和跟进，有效提高新员工的留存率。

（1）每个月与新员工沟通一次，了解他们的工作状态和想法。

（2）收集新员工遇到的问题，安排团体性解决方案，促进员工与团队之间的融合。

（3）直接上级给予很高评价的员工，HR 要进行单独约谈，给予一定的鼓励和提醒，帮助新员工继续成长。

（4）单独约谈直接上级评价很低的员工，了解评价过低的原因，及时给予新员工一些有效建议，帮助新员工找到适合自己的位置。

（5）了解并收集新员工普遍出现的问题，针对共性问题对新员工进行培训，帮助新员工共同进步和成长。

第三节　员工职业生涯规划

案例：

小杜是 E 公司刚刚招聘的一名会计，由于她工作认真、细心，公司领导和同事都非常看好她。然而，最近小杜听到身边做会计工作的朋友抱怨会计工作十分烦琐且枯燥，并且看不到未来的方向，想要转行。

小杜听完后，感觉自己也看不到长远的职业发展，于是犹豫着要不要现在转行。人力资源部小霍了解情况后，利用职业生涯规划等工具，帮助小杜梳理了职业发展可选的方向。小杜对照着小霍制定的职业规划，根据自身的情况最终选择了向财务经理等管理岗位努力。

刚刚进入职场的新员工，尤其是刚刚步入社会的大学生，他们对于未来的职业生涯没有一个完整的规划，常常会出现像小杜一样的迷茫感。而要想让这些员工在公司稳定发展，与公司共同进步，就需要人力资源部为新员工明确职业生涯规划，以及在公司的成长计划，从而让新员工的自身价值得到体现。

职业生涯是指一个人一生工作经历所包括的一系列行为活动，一个人的职业生涯大致可以分为寻觅期、立业期、守业期、衰退期四个发展阶段。

寻觅期属于初期职业生涯阶段，这个阶段员工开始逐渐了解和接触各类职业，然后慢慢找到适合自己的职业或岗位。

立业期属于中期职业生涯发展阶段，此阶段员工开始逐渐确立自己的位置，进而找到自己的发展方向，并沿着此方向发展。

守业期属于后期职业生涯发展阶段，这个阶段员工开始对自己的中期职业发展进行反思，并开始思考未来的职业选择，其选择方向有两种，一种是继续自己的成就；另一种是选择职业衰退。

衰退期属于末期职业生涯发展阶段，此阶段员工可以选择继续留在企业中实现自我价值，也可以选择退休，开始自己新的生活。

企业的发展与员工的职业生涯规划分不开。企业在发展过程中要通过岗位、绩效、人才晋升发展和人才激励等模块，将员工的职业发展和个人能力提升结合到一起，这样才能达到企业和员工的双赢。

HR 在开发员工的职业生涯规划时，具体步骤应包括以下几个方面。

一、明确员工发展方向

HR 在制定员工职业生涯规划之前，要为员工提供多种职业生涯发展选择的可能性。员工明确各个岗位的灵活方向和晋升路线之后，依据自身情况确定个人的发展机会和途径。

在确立发展方向时，HR 可以利用职业价值观决策量表进行岗位的探索和验证，从而帮助员工找到发展方向。

职业价值观决策量表就是让员工罗列 8 项自己觉得最重要的价值观，然后明确每个价值观的重要度。之后，罗列出自己想要发展的岗位，并为不同的岗位选择打分，最后根据此表确定自己的发展方向。

案例：

小张在一家上市公司的分公司部门负责人岗位上工作了 5 年，集团公司的领导认为小张工作认真踏实，可以予以晋升。目前，企业有两个职位空缺，一个是小张所在分公司的副经理职位；另一个是集团某个部门的负责人。集团领导就此询问小张的意见，小张考虑了很久也不知道该如何选择。

于是，小张找到人力资源部小王，询问他的意见，小王利用职业价值观决策帮助小张制作了表 7-1。

表 7-1　职业价值观决策量表　　　　单位：分

价值观	重要度	分公司副经理	部门负责人
成就	9	5	5
金钱	8	5	4
美感	7	4	4
人际关系	8	5	3
自主	7	4	4
智慧	9	4	3
追求新意	7	5	4
声望地位	6	4	4
加权总分		276	236

根据职业价值观决策量表的计算结果，小张对分公司副经

理职位的满意度为 276 分，对部门负责人的满意度为 236 分。小张根据此表反复思考后，最终选择了满意度比较高的分公司副经理职位。

二、制定个人发展计划

确立好发展方向后，HR 要鼓励员工根据发展方向制订个人发展计划。个人发展计划可以帮助员工明确职业目标，并能够及时查漏补缺，保证更好地成长和发展。在员工发展过程中，HR 还要持续关注员工个人发展计划的完成情况。

三、建立并完善管理档案

新员工职业生涯规划制定好之后，HR 需要根据员工的不同年龄、职位、技能水平以及价值观建立并完善各岗位员工管理方案，并设计不同的教育和培养方案。

四、培训管理人员

新员工的直接上级是员工制定职业生涯规划过程中的关键角色，他们负责帮助新员工制定符合企业和个人发展的职业生涯规划。因此 HR 必须在员工制定职业生涯规划之前，对其直接上级进行培训、辅导，以便其直接上级在此过程中可以为新员工提供有效的信息和建议。

第四节 岗前培训，让员工快速了解公司

案例：

方小小是 F 公司的一名 HR，由于刚入行不久，她对人力资源部的工作还不太熟悉。这天，王经理让她拟订新员工岗前培训计划。方小小接到任务后，冥思苦想了一整天也没有思路。

第二天，她红着脸告诉王经理："我的工作经验有限，对具体的流程还不熟悉，您能不能教教我呀？"

王经理见此，笑着说："你刚来没多久，肯定还不熟悉这些工作，这不怪你。其实，设定岗前培训就是为了让新员工更快地了解公司，只要你能基本摸清培训计划的脉络，那就离成功不远了。下面，我就来详细和你说说岗前培训怎么做。"

现在大部分企业为了让新员工能够更快地融入公司，适应新的工作岗位，通常会在新员工进入工作岗位之前，对其进行岗前培训。

岗前培训通常在新员工进入公司的第一天，由人力资源部组织实施培训。培训时间根据各企业的实际情况来确定，有的企业岗前培训比较简单，仅在口头上对工作进行简单交代，有的企业可能花费十几天进行岗前培训。

无论是哪种方式，其实岗前培训的基本脉络都万变不离其宗。大多数的企业在设计岗前培训时，遵循的都是"5W2H1C"模式，如表 7-2 所示。

表 7 - 2　5W2H1C

5W	Why：培训的目的　　　　　Where：培训的地点 When：培训的时间　　　　　What：培训的内容 Who：培训的参与人员
2H	How：如何进行 How much：成本花费
1C	Compare：人力资源部门与用人单位的态度比较

一、5W

5W 包括岗前培训的目的、时间、参与人员、地点和内容五方面。

1. 培训目的

Why 就是公司为什么要做岗前培训。如果不想做岗前培训可以吗？答案显然是否定的。岗前培训既然存在，必然有其道理。具体来说，公司进行岗前培训的目的有以下三点：

（1）让新员工在培训中了解公司，以便能够快速进入工作当中。

（2）公司在培训中更好地了解新员工各方面的水平，为未来的考核工作做准备。

（3）通过培训，公司与新员工互相考核，决定去留。

2. 培训时间

When 是指岗前培训的时间，通常企业岗前培训的最佳时机为新员工办理入职的第一天。因为新员工进入工作岗位后，基本没有太多的时间用于培训，并且入职后如果还没有接受培训，新员工很容易因为不了解工作内容而犯一些常识性错误。

3. 培训参与人员

Who 就是都有哪些人参与培训。首先，新员工肯定是岗前培训的主

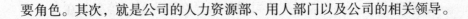

要角色。其次，就是公司的人力资源部、用人部门以及公司的相关领导。

4. 培训地点

Where 是指培训的地点。岗前培训自然在公司内进行，至于具体的培训地点要根据新员工人数以及公司的具体情况来确定，一般为公司的会议室或培训室。

5. 培训内容

What 即岗前培训要讲什么内容。一般情况下，企业的岗前培训主要包括以下几方面内容：

（1）人力资源部讲述公司的概况（组织架构、发展情况、企业文化等）、员工守则、人事制度等。

（2）公司相关领导就公司目前的业务、技术、管理、发展等方面进行分析说明。

（3）用人部门负责介绍该部门的组织结构、发展概况、管理制度和工作制度等内容。

（4）所在班组负责人负责说明该班组的发展情况、人员结构、主要工作内容以及工作制度等情况。

二、2H

2H 是指岗前培训具体的进行方式，以及岗前培训的成本这两方面内容。

1. 培训方式

How 是指怎样去进行岗前培训，即岗前培训采取什么样的方式。新员工的岗前培训方式主要有"讲、学、做、考"四种。

"讲"就是人力资源部、公司相关领导和用人部门等讲师在台上为新员工讲解岗前培训的内容；"学"即新员工在台下学习讲师所讲内容；"做"是指新员工根据所讲内容进行操作；"考"是指人力资源部针对岗前培训内容对新员工进行考核。

2. 培训成本

How much 就是需要花费多少培训成本。与招聘成本相比，企业举行岗前培训所花费的成本比较低，但也不能因此而忽略不计。

岗前培训成本包括显性成本和隐性成本两部分。其中显性成本包括讲师薪酬、场地使用费用、办公器材使用费用、纸张及印刷费用以及时间成本等；隐性成本包括新员工中途离职、员工在培训过程中出现的负面看法以及员工培训花费的时间等成本。

三、1C

1C 即 Compare，是指人力资源部和用人部门这两个部门应当在岗前培训中展现的两种态度。

人力资源部属于招聘部门，新员工刚入职期间，往往会对人力资源部产生一定的依赖感，因此人力资源部在岗前培训中应当展现友好、欢迎的态度。在培训过程中，HR 的语气要温和、态度要亲切，讲解时要有耐心、细心，这样能够有效稳定新员工情绪，提高新员工留存率。

用人部门是员工工作的部门，其在岗前培训过程中需要保持严格的态度。很多新员工刚毕业进入社会，工作态度相对比较散漫自由，用人部门采取严格的态度能够帮助新员工尽快进入工作状态，并且可以让新员工形成严谨、务实的工作作风。

第五节 试用期员工的管理方法

案例：

Y公司销售部因为业务发展需要招聘一批销售人员，人力资源部牛经理按照该部门需要招聘了5名销售人员。

经过两天的岗前培训，人力资源部将这5名销售人员交到销售部门。销售部马经理接收这5名销售人员后，将其随意指定给部门其他员工。这时销售部正处于业务繁忙期，老员工无暇顾及新员工，经常整天忙自己的客户而冷落新员工。

一个月后，试用期还没有结束，这5名新员工就相继离职。牛经理认为马经理对新员工关注不到位，因此导致新员工离职。马经理则认为，新员工培训是人力资源部的事情，HR应该先把新员工培训好了再派到用人部门。

岗前培训结束之后，新员工就要进入3到6个月的考核期。在考核期间，HR总会遇到用人部门不满意新员工、新员工离职率太高等各种问题。那么，在试用期间，HR要如何做好新员工的管理呢？

针对HR在试用期遇到的问题，可以将试用期的员工管理总结为以下三个方面：一是试用期试什么以及怎么试；二是试用期怎么考核评估；三是如何降低试用期员工离职率。

一、试用内容

试用期间，人力资源部到底要试用新员工哪方面的能力？这是很多 HR 都没有搞明白的事情。新员工进入工作岗位之后，人力资源部主要应从企业文化匹配度、工作态度、工作能力和工作绩效这四个方面进行观察：

1. 企业文化匹配度

企业文化匹配度通俗来说，就是新员工的价值观和做事风格是否与企业一致。比如，喜欢自己做自己的工作、各司其职的员工就与一个注重团队合作的公司不匹配；喜欢朝九晚五的员工与一个经常加班的公司也不匹配；等等。

2. 工作态度

工作态度是指员工对所从事职业持有的观念和态度，也可以称之为职业成就动机。一个没有职业成就动机的员工，很难做到认真工作、勤奋负责；反之，职业成就动机比较高的员工，往往会把工作当成生活的重要组成部分，并为之勤奋敬业。

工作态度无法通过外表来判定，更多的是通过员工的行为表现来观察判断。在日常工作中，HR 可以从以下方面感知员工的工作态度：下班之前是否能完成工作任务；未完成工作任务时是否会与部门主管沟通；临时加班是愉快地接受，还是被迫接受并且心不在焉地完成；如何处理工作和生活的冲突；等等。

3. 工作能力

工作能力包括学习能力、人际交往能力、适应能力、专业能力等各方面能力。工作能力同样难以从外表判断，它属于一种经验和思维能力。

HR 可以从一些具体的事情中判断员工的工作能力。比如，给新员工安排一个具体且细小的工作，然后观察新员工完成这个工作的方法，再询问他这样做的理由。通过一系列的观察，HR 提炼出有价值的观点。

4. 工作绩效

工作绩效一般以新员工的工作结果为导向。HR 评价新员工工作绩效的方法为观察新员工做事有没有结果，即进行一项工作时，是否有计划、有条理，是否能够统筹安排，是否具有明确的结果。

二、考核办法

试用期的转正考核是招聘工作的最后一个程序，这个阶段的考核一般不是很严格。有的企业往往只用一张考核表作为转正考核，有的企业可能会采用绩效考核全面考评。总之，如何考察试用期员工，要结合企业自身情况和岗位情况来定。

在此介绍几种比较经典的考核办法。

1. 关键事件法

关键事件法是指考核人员将新员工工作中的关键事件加以记录，通过对岗位特征和要求的分析，用分值分别衡量员工各方面绩效的考核办法。

2. 工作日志考核法

工作日志考核法是企业在试用期经常使用的办法。其具体考核流程为，考核人员将新员工每一天、每一项工作记录下来，试用期结束后根据工作日志判定新员工的工作能力。

3. 360度评估法

360度评估法是指考核人员从新员工、直接上级、部门主管、同事甚至顾客等多个角度评价员工的沟通能力、人际关系能力、行政能力等所有的能力。这种方法可以全面地了解员工，但由于此种方法比较耗费人力物力，所以大部分企业试用期不会使用这种方法。

三、降低离职率

处于试用期的员工稳定性相对较差，很容易因为公司、岗位等各方面原因产生离职的想法。要想稳定新员工，降低离职率，HR可以采用下列方法：

1. 安排合适引导人

引导人是指新员工的入职引导者，其主要工作是帮助新员工熟悉公司情况，快速融入团队。引导人的选择非常重要，通常新员工的引导人为部门主管、储备干部或优秀员工，因为这些人既能带动新员工，传递正能量，又能提高自身的管理能力。

2. 做好员工关怀

员工入职后的欢迎仪式必不可少，有条件的大型企业可以适当举办欢迎活动，中小企业如果没有足够的条件，也应当引领新员工认识企业的各个部门，熟悉公司的环境。

员工入职一周后，企业各部门还要从以下方面做好员工关怀：人力资源部了解员工对公司和团队的适应情况，以及工作中遇到的困难；用人部门和引导人及时指导员工工作，对优秀员工给予肯定和表扬，对需要改进的地方加以指引等。

3. 做好企业文化建设

很多企业在考察员工时非常注重企业文化这一项。在试用期内，HR会观察员工的价值观、做事风格与企业文化是否相匹配。比如，有的公司比较重视团建活动，通过活动加强新老员工的沟通，帮助新员工建立一个良好的人际关系。

4. 强化中层管理

中层管理对于新员工的去留起着决定性作用。新员工的情绪疏导、意见反馈、工作指导、违规处理等各种问题，都由中层领导来管理。因此强化中层管理，能够有效避免员工因中层领导而离开的现象。

第六节　员工入职实用表格

表7-3　新员工入职登记表

姓名		性别		出生日期		身份证号码	
籍贯		户籍		婚姻状况			
生育情况		配偶姓名及身份证号码				照片	
应聘职位		现住址					
兴趣爱好		座右铭					
应聘渠道							
紧急联系人姓名		与本人关系		联系电话			

（续表）

家庭主要成员	关系	姓名	工作或学习单位	电话

教育经历	起止年月		毕业院校	专业	学历	学位	证明人

工作经历（由远至近）	起止年月			工作单位		单位性质	
	单位人数			单位地址			
	单位网址			主营产品			
	任职部门			担任职务		下属人数	
	直接上司姓名		上司职务		联系电话		
	离职原因			证明人		电话	
	主要工作内容						

工作经历（由远至近）	起止年月			工作单位		单位性质	
	单位人数			单位地址			
	单位网址			主营产品			
	任职部门			担任职务		下属人数	
	直接上司姓名		上司职务		联系电话		
	离职原因			证明人		电话	
	主要工作内容						

主要工作业绩及荣誉	

承诺书

1. 我保证所填写的每一项内容真实，如有虚假，贵公司可以随时无条件辞退。
2. 我愿意接受贵公司的背景调查、培训、使用，如达不到贵公司要求，贵公司可以不予录用。
3. 我保证到贵公司报到前，已经与原工作单位解除劳动合同等关系，不存在任何劳资纠纷。
4. 我保证不将原工作单位的任何商业秘密带到贵公司，如与原工作单位发生纠纷，我愿自己承担责任。

承诺人签名：　　　　　年　　月　　日

以上信息仅限本公司使用，并保密存放，未经本人允许不得向第三方公开

表7-4　新员工入职服务操作细则

入职阶段	业务内容	负责部门	相关表单	控制要点
录用准备阶段	安排录用人员体检	人力资源部	《职位申请表》	面试完成
	1. 根据员工情况，判断是否需要住宿； 2. 为新员工准备住宿条件； 3. 准备新员工入职所需办公用品、网线、办公位等		《录用通知书》 《新员工登记表》 《体检费用报销表》	收到体检报告后完成
入职准备阶段	将报到人员的入职资料提交给用人部门以及财务部	人力资源部	《职位申请表》 《录用通知书》 《体检报告》	
	将《录用通知书》中的相关信息提交给企业发展部	关系专员	《录用通知书》	
	对《职位申请表》中的信息与企业系统配置情况进行匹配，匹配成功后，向入职员工提供岗位职位代码	发展部	《职位申请表》	
入职当日	接待新员工报到，并核查相关资料是否齐全	关系专员	《录用通知书》 《体检报告》	按时报到
	向新员工发送《新员工入职欢迎信》		《新员工入职欢迎信》	入职上午
	与新员工签订《劳动合同》，办理入职手续		《劳动合同》	入职上午
	通知用人部门接收新员工，带领新员工领取办公用品及办公位		电话通知	入职上午
			《新员工登记表》	入职上午
	将新员工信息录入企业员工系统	用人部门		
	1. 带领新员工到工作位，介绍工作环境、工作内容； 2. 指导新员工进行岗位工作； 3. 带领新员工领取办公钥匙		电脑、钥匙	入职下午

表7-5 个人发展计划表

姓名		公司名称		部门	
岗位		职务		直接上级	
计划有效期： 年 月 日— 年 月 日					
职业发展目标 （优势、劣势、挑战分别至少列出为实现目标最关键的三项）					
职业发展目标					
优势					
劣势					
挑战					
个人现状总结					
期望发展的技能 （最少列出三项）					
具体行动计划					

行动计划	衡量因素	持续时间	评估方式	评估人

需要公司提供的资源

签署说明		
以上内容经过本人充分的考虑，属于本人真实意愿，我同意此发展计划。	本人签字： 年 月 日	直接上级签字： 年 月 日

表 7-6 团体培训申请表

培训名称		申请时间	
培训执行人		培训地点	
受训部门		培训方式	
预定参加人员			
培训目标			
培训内容及课程概述			

参训人员记录	姓名	日期	姓名	日期	姓名	日期

表 7-7 员工培训需求调查表

部门:_____   填表日期:_____年_____月_____日

培训类别	培训内容	是否同意	参加人员			培训方式				
			自愿参加	指定人员参加	部门全体员工参加	课堂授课	在实践中演示	标杆	座谈	提问
公共教育	1. 公司发展史、组织结构、主要业务									
	2. 公司规章制度及福利待遇									
	3. 其他	请说明:								

（续表）

	各部门员工根据各自的岗位特点提出需求	是否同意	参加人员			培训方式				
			自愿参加	指定人员参加	部门全体员工参加	课堂授课	在实践中演示	标杆	座谈提问	其他
业务知识	1. 计算机/IT行业动态									
	2. 互联网方面									
	3. 交际、谈判									
	4. 广告创意									
	5. 写作									
	6. 网页制作									
	7. 通信									
	8. 市场调查									
	9. 其他	请说明：								
其他知识	请说明：									

填表说明：

1. 所列内容仅供参考，在同意的项目栏打√，还可列出自己需要的内容；

2. 请您根据您所在部门员工的需求填写此表。

第八章　入职培训：让人才真正融入企业

第一节　新员工培训模型

案例：

人力资源部小赵准备好好把培训做起来，但没有确切的方向。他问人力资源部余经理："我是先给新员工开个培训会呢，还是带新员工先去团建，搞搞气氛，还是搞个封闭训练，让培训讲师来个素质提升班呢？"

余经理听完，问小赵："现在的培训体系建立起来了吗？都有哪些培训课程？新员工的培训需求有哪些？"小赵面对经理这一连串的提问哑口无言。

余经理继续说道："你的想法很不错，但培训工作需要按部就班地慢慢来。要想达到培训的目的，我们首先需要建立一个完整的培训体系。"

培训和招聘一样，都需要完整的体系来支撑。体系能够代替人工自动管理复杂的培训工作，保证培训工作顺利开展。和其他体系的建立一样，培训体系建立包括制度建立、工作职责和分工、培训内容、培训流程、培训评估等。

在讲解培训体系之前，我们先简单了解一下作为企业的培训经理，需要具备哪些能力：

第一，了解公司的核心业务和技术；

第二，了解公司战略计划和人才需求；

第三，建立培训体系以及培训师队伍；

第四，掌握教育学、心理学、管理学等基本理论知识；

第五，掌握培训需求分析、费用预算和控制的方法。

在建立培训体系之前，先要进行培训规划。只有足够了解公司现状、培训现状、员工培训需求等基本信息，才能搭建好培训体系，否则一切都是空中楼阁。

其中，最重要的一部分是了解公司现有的培训条件。如果公司资金不支持，HR 可以考虑先做一些应急的培训，在此过程中，慢慢建立培训体系。其形式上可以选择内部讲师、视频教学、自学式培训等方式。

如果公司的基础足够好，HR 则需要在培训前尽快建立好培训体系以及培训课程体系，并完善各项培训内容和培训实施体系。

下面重点介绍一下建立培训体系的几项工作。

一、培训需求

培训需求分析是开展培训工作，建立培训体系的首要工作。一般来讲，公司的规模、发展阶段不同，培训需求分析的侧重点也有所不同，主要有公司战略需求、岗位需求、新员工个人需求分析等。

建立培训需求体系时，要根据公司的具体情况选择合适的分析方法。通常，公司分析需求的方法有资料信息分析、专家指导、小组讨论、问卷调查、现场观察、自我评估等。

二、培训规划

培训规划包括培训团队的培养和扩大、培训的定位、培训工作进度和内容的推进步骤等。HR 需要根据人力资源部的规划进行培训战略规划，从而保证培训能够顺利开展。

三、工作职责

公司各个部门在培训工作中都有不同的角色，具体职责和分工如下：

企业领导的职责是建立合适的学习型企业文化，为培训各方面工作提供有效且持续的支持。

人力资源部在培训中的职责为编制培训计划，建立培训体系，制定培训方案并组织实施培训方案。另外，在培训过程中，人力资源部需要监督、分析员工的培训情况，以及及时指导各类培训工作。

用人部门的职责是在培训过程中，配合人力资源部开展培训工作，组织新员工学习部门相关知识和技能。培训结束后，用人部门还需要对新员工进行跟踪指导，以便新员工可以快速适应工作岗位。

培训部门的职责一般包括培训项目管理、课程开发与管理、培训师管理以及行政管理。简单来说，就是组织实施培训工作和监控培训各个流程。

新员工的职责为在培训过程中，通过各种渠道学习知识和技能，并及时反馈自己的需求。进入工作岗位后，应当学以致用。

四、培训制度

培训制度可以将培训工作内容固化，保证培训工作的有效性和持续性。培训制度具体包括培训部门职责分工、工作流程、培训内容、实施步骤以及培训评价和改善。培训制度的建立和招聘制度大同小异，在此不过多赘述。

五、培训讲师体系

根据公司的实际情况，HR需要在培训前组建一支培训讲师队伍，并且通过培训提高培训讲师的能力和素质，打造一个良好的培训讲师团队，保证培训工作的专业性和有效性。

六、确定培训课程

人力资源部在岗位胜任素质模型和新员工知识能力分析的基础上，针对培训对象和培训内容确定培训需求。所有培训需求清晰明了之后，人力资源部需要根据时间上的逻辑关系，分析通过哪些培训课程满足哪些培训需求，然后逐渐完善培训课程体系。

七、培训实施体系

培训实施体系说白了就是如何排兵布阵，顺利开展培训工作。其过程就是把受训人员、培训讲师和培训课程三者科学组合起来，形成有计划的教学活动，保证培训期间可以按照课程体系顺利推进。

八、培训评估

检验培训效果也是培训工作中很重要的一步。培训评估不仅可以改善和指导以后的入职培训工作，而且还可以获得公司领导的大力支持，有效提高员工对公司的满意度。

第二节　员工培训需求分析

培训是现代企业人力资源部管理的重要组成部分之一。新员工入职后，企业如果能够做好入职培训，不仅可以提高员工的工作能力和素质水平，而且还可以增强企业竞争人才的优势，培养优秀的组织文化。

但很多企业在开展培训时，不知道到底该培训什么内容。有的企业常常流行什么就培训什么，或者抓住什么就培训什么，显然这样既浪费资源，又做了很多无用功。其实要想做好入职培训，关键是要挖掘到真正的培训需求。只有这样，企业才能对症下药，设计出具有针对性的培训课程，进而达到预期的培训效果。

一、培训需求分析原理

培训需求分析是指企业在设计和规划入职培训活动前，分析和鉴别各部门新员工需要达到的目标、知识和技能等各方面水平，进而确认是否有必要开展入职培训及入职培训的内容是什么。

没有准确的入职培训需求分析，就难以设计能够提升企业绩效和员工满意度的培训方案。只有以岗位需要的知识和技能为基础，以新员工的职业生涯规划为前提，以企业和新员工的双赢为目的，才能调动新员工参加培训的热情和积极性，保证入职培训能够顺利开展。

企业入职培训的需求分析主要包括以下三个层面。

1. 组织需求分析

组织需求是指公司层面的需求，此层面需求需要根据企业战略、企业文化、企业环境等多方面因素来确定。

首先，企业战略影响着入职培训的侧重点和方向。比如，某公司有多种企业战略，那么该公司的工作重点就是增加市场份额，降低商品成本，建立稳定可持续的发展模式。为了达到这一目的，企业入职培训的侧重点就应当为团队建设、专业培训、人际关系培训等方面。

其次，企业文化包括价值观、信念、仪式等内容，每个企业的文化各不相同，其入职培训也会存在一定的差异。制订入职培训计划时，HR需要考量企业文化，不能制订与企业文化相违背的培训计划。

最后，企业的环境也是需要考量的范围。

HR在分析公司层面的需求时，可以通过与高层管理者面谈，研究公司战略相关文件、重要会议资料、咨询文件、纲领性文件等途径进行判断分析。

2. 岗位需求分析

岗位需求是指部门或中层管理者需求。分析岗位需求就是确定用人部门工作的具体内容，以及这些工作都需要员工具备哪方面的素质和能力。其分析步骤如下：

第一，选择一个具体的职位，并列出该职位需要完成的所有工作任务。

第二，对所列任务作以下分析：该任务执行效率如何；这项任务需要多少时间才能完成；完成这项任务是否具有实际意义；这项任务的难度等级是多少？

第三，尽可能地量化界定每项任务需要达到的标准，如每天访问 10 个客户。

第四，确定完成这项任务所需的知识能力、专业能力和工作态度。

3. 个人需求分析

个人需求即员工个人职业发展层面的需求。此层面分析就是对需要接受入职培训的新员工进行分析，进而确定新员工的培训需求，以及根据新员工的能力水平判断是否有必要进行入职培训。

个人需求的侧重点为员工的个人兴趣、个人发展以及个人工作方面的困难，HR 可以通过问卷调查、小组访谈、专项测评等方法进行判断分析。

二、确立培训需求流程

HR 可以按照以下步骤确立新员工入职培训需求。

1. 收集培训需求

培训需求需要从知识、环境、职业发展等多个角度进行收集。知识就是员工完成该职位工作所需的知识水平和专业技能；环境是指开展入职培训在人事、工具和技术方面存在的阻碍；职业发展是指员工是否愿意在本公司长期发展。

2. 分析培训需求

收集培训需求之后，HR 需要根据企业战略目标和发展规划，从企业、岗位、员工三个方面进行综合性考量，进而突出入职培训的侧重点和方向，体现入职培训和企业战略的契合度。

3. 确认培训需求

人力资源部和其他相关人员组成培训小组，共同分析入职培训需求相关信息，最终确定适合公司发展和实际情况的培训需求。入职培训负责人根据培训需求制订入职培训计划、培训课程以及培训师名单，并预估培训成本，然后报人力资源部负责人审批。

第三节 新员工培训的"721 法则"

案例：

小唐为人比较圆滑，善于与人打交道。最近，小唐刚刚跳槽到一家上市公司，为了赢得领导的信任，小唐写了一篇万字长文，发表了自己对 D 公司战略的看法。

D 公司董事长是一位非常务实的领导，平时非常注重实干而反感空想。董事长看完后在这篇万字长文下批示："如果这名员工有病，建议立刻送医院治疗，治疗费用公司可以负担；如果这名员工没有病，那么建议人力资源部将其立即辞退。"

小唐本以为会得到领导的夸奖，却不想最后是这样的结果，只得办理了离职，离开了 D 公司。

相关数据显示，很多企业都没有对新员工进行有效的培训，新员工入职后直接上岗正式工作。这其中，大部分企业错误地认为，新员工不需要专门的入职培训，上岗工作后一边工作一边学习就可以了。即使有的企业做了入职培训，也只是将其作为员工到岗的"形式化流程"，往往草草了事，不求效果。

然而，这样做的结果很可能会导致引文中小唐这类员工蒙混过关。这种只会空想不会实干的员工入职后，大多数无法适应新的工作环境，无法认同企业的产品甚至是企业文化，最终因为无法融入企业而离职。

那么，企业如何在入职培训中甄别人才，有效提高员工的质量，促进企业的发展呢？答案就是这节的主题"721法则"。

"721法则"是指用"721"模型培训员工，提高员工的工作能力。一位著名企业家认为，员工的提升70%来自实践学习，20%来自导师的帮助，10%来自课堂学习。换句话说，就是培训过程中新员工大部分依靠实践来提升自己的工作能力，如果新员工想要在未来有所作为，那么就要脚踏实地地工作。

一、课堂学习

课堂学习是指培训期间新员工进行的自主学习。新员工进行入职培训的过程其实就是初步融入公司的过程，在这个过程中，新员工通过培训师的讲解，不断地了解公司环境、岗位情况等各方面的内容。

在此过程中，新员工学习的主要内容如下所示：

第一，公司概况，包括公司的发展历程、公司的现状、公司文化以及未来前景等内容。

第二，员工守则，包括公司的规章制度、行为规范、纪律规范、员工手册等。

第三，入职程序，包括入职需要准备的资料、入职手续、入职办理流程等。

第四，财务制度，包括费用报销程序、办公设备申领程序、相关手续办理流程等。

第五，人事制度，包括薪酬福利制度、考勤与请假制度、绩效考核制度、人事档案管理制度等。

第六，晋升通道，包括公司组织结构、晋升条件、晋升流程、晋升方法和标准等。

第七，岗位概况，包括部门组织结构、部门环境、岗位职责、岗位工作要求等。

二、导师指导

导师指导是新员工学习工作知识、技能，积累工作经验最有效的办法。相关调查表明，新员工需要掌握的岗位知识超过80%都是来自导师传授。可以说，导师对新员工学习技能水平起着决定性作用。

导师指导新员工的流程可以分为以下六步：告知、示范、模拟、改善、固化和创新。具体来说，导师需要为新员工做的事情如下。

（1）建立良好形象。新员工进入陌生的工作环境后，心中难免会出现不安、慌乱的情绪。为了让新员工尽快融入环境，导师应该亲切地欢迎新员工加入公司，让他们感受到公司的关切，可以保持轻松愉快的心情。

（2）互相介绍。导师在指导新员工之前，首先需要主动告知新员工自己的姓名、岗位以及工作内容，然后了解一下新员工的基本情况。之后，导师应向新员工说明自己的身份、指导的具体内容，让新员工对接下来的工作有一定的认识。

（3）稳定情绪。新员工进入新环境可能会有些不适应，这时候导师应该帮助新员工消除不安和紧张情绪。在沟通的过程中，导师需要注意，语气应当温和，放慢语速，面带微笑，营造一种和谐的氛围。

（4）熟悉环境。新员工刚进入公司，对公司各部门以及餐厅、洗手间等地方均不熟悉。导师可以在培训之余，引领新员工熟悉公司环境。比如，导师可以告诉新人"我们上下班在这里打卡，打卡的时间是……这里是洗手间，这里是更衣室，餐厅在二楼，吃饭时间为……"。

（5）熟悉同事。引领新员工认识本部门同事以及相关部门人员。引领话术如下："我们部门的负责人是×××，其主要负责审批……工作，我们在进行相关工作时可以和他联系，除此之外，我们常打交道的部门还有销售部和人事部，这些部门的负责人有……"

（6）制订学习计划。导师在培训期间，需要帮助新员工制订学习计划，其具体步骤如下：

①了解新员工的教育背景和工作能力，确定培训的水平。

②根据岗位工作要求以及新员工的工作经验，合理安排新员工的学习进度。

③为新员工讲解指导工作的计划，并定期对新员工的学习情况进行检验。

④根据新员工的学习进度和学习情况，确定指导工作的时限。一般来说，导师指导工作的时间为 3～12 个月。

三、实践学习

入职培训除了需要安排企业及岗位的理论学习之外，还有必要安排岗前实践培训课程，这一部分也就是我们所说的70%的实践学习。这一环节才是新员工上岗之前最重要的培训内容。

不同岗位的新员工，他们的培训方式和内容有很大的差别。比如，针对需要派往海外的营销类新员工，首先需要在国内通过实践，掌握公司的流程、工作的方式方法等；技术类新员工可以先带其参观生产线，了解产品的生产流程；研发类新员工在上岗前，安排其做一些模拟项目，以便他们可以快速掌握一门工具或工作流程等。

案例：

D手机公司每年都会招聘大量优秀学员，为了让这些学员能够快速适应规模软件开发，公司建立了新员工培训体系。此体系主要包含以下三方面内容。

1. 开发流程培训

新员工入职3个月内，D公司质量部会组织新员工进行开发流程培训。在培训期间，培训讲师会带队完成一个小项目的开发。开发过程中，培训师会对新员工详细讲解公司的开发流程和质量文化。

2. 编程基础培训

在试用期内，D公司相关人员会组织新员工参加编程基础和编程规范这两门课程的考核和答辩。然后将新员工的成绩分为A、B、C、D四等。D等新员工为没有通过试用期，需要淘汰或延期转正的新员工。

3. 业务知识培训

业务知识培训是指与具体工作项目相关的知识培训，这部分由新员工的导师负责，培训内容主要有熟悉项目、学习经典项目和项目维护三项。培训的目的是，新员工通过培训可以独立负责一个工作项目。

著名管理学教授贝尼斯曾经说过："员工培训是企业风险最小、收益最大的战略性投资。"形式化、敷衍性的入职培训显然是达不到效果的，在入职培训中遵循"721法则"，注重导师指导和实践学习，才是提高员工工作能力的有效方法。

第四节　培训讲师必备的技能

案例：

R公司最近招聘了一批新员工，公司领导让人力资源部负责新员工的入职培训。可是，培训师刚刚离职了，人力资源部暂时找不到合适的人选。无奈之下，人力资源部找到销售部门的王经理，让其在销售部推选一名培训师。

王经理推荐了这一季度的销售冠军小谢，人力资源部对小谢简单培训后，就直接让其向新员工讲授培训内容。虽然小谢销售业绩很好，沟通能力比较强，但是对于其他岗位的工作一窍不通。

每每新员工询问其他部门或岗位的内容时，小谢总是吞吞吐吐，不知道说些什么。一个星期的培训结束后，有几个员工以不了解公司为由选择了离职，公司领导因此责备人力资源部办事不力。

培训讲师是企业最稀缺的核心培训资源，培训讲师的能力和素质对培训效果的影响很大，因此保证培训讲师的素质和水平是实现培训目标的重要条件。

通常企业选择培训讲师的途径有两种：一种是内部开发；另一种是外部聘请。

内部开发可以从专职培训人员、部门主管、专业技术人员、骨干员工、中高层领导等人员之中选取；外部聘请是指从咨询公司专业讲师、本专业专家或学者、高校教师、客户提供的讲师资源等人员中聘请培训讲师。

人力资源部在选择培训讲师时，必须要谨慎负责。如果企业像 R 公司一样，随便从某个部门临时抽调培训讲师，其结果势必和 R 公司的结果一样。因此无论企业选择哪种途径获取培训讲师，都需要保证选择的培训讲师具备专业培训技能。

作为入职培训的讲师，通常需要具有以下技能。

一、表达技能

培训讲师需要善于表达。好的培训讲师能够简洁地把复杂的事情说明白，让晦涩难懂的概念瞬间生活化。表达技能比较强的培训讲师，其课程总是生动形象，可以让不同层次的员工了解所讲的内容，同时受益匪浅。

培训讲师可以从以下几个方面提高自己的表达技能：第一，表达时要有条理，传授内容时要深入浅出；第二，讲故事要娓娓道来，能够打动员工的心；第三，分析案例要透彻，点评要一针见血；第四，与员工互动时语言要幽默风趣，善用肢体语言。

二、激励技能

在新员工的队伍中，很多员工的知识水平和工作能力足以胜任该项工作，这些员工缺乏的往往是行动和自信。这就要求培训讲师要有激励技能，能够激发员工的内在动力。激励技能比较强的培训讲师，可以使员工克服心理障碍和心理恐惧感，承担起责任感和使命感。

三、控制技能

培训讲师是整场培训的掌控者，培训流程、培训时间、培训内容、互动组织、团队合作等都需要培训讲师掌控和把握。若想达到入职培训的效果和目的，培训讲师对培训和自身要有一定的控制能力。

培训师在控制技能方面通常有三个阶段：第一阶段，培训讲师的谈资较少，容易导致时间盲点；第二阶，段培训讲师的准备工作比较充分，谈资也随着积累逐渐变多，但很容易收不回来，导致超时，员工失去耐心；第三阶段，培训讲师已经比较成熟，能够把控好时间，一切尽在掌握之中。

提高控制技能的方法如下：提高专业性和权威性，增强员工的信赖度和安全感；精彩的培训来自精心的准备，培训讲师扮演着"编、导、演"角色，在培训过程中需要调动气氛，有效互动；当员工提出问题时，能够利用引导、鼓励、倾听和转移等方法，以及自身丰富的工作经验，给予员工满意的答复。

四、应变技能

应变技能是培训讲师的重要技能之一。在培训过程中，培训讲师如果忘词、出错、回答不了提问或设备出现状况、员工表现不佳，切忌大脑空白，应当从容处理。

第一，自身出现问题别慌乱。比如，讲错时，应当及时认错，不要试图掩盖；突然紧张时，可以放慢语速，或者换一个比较轻松的话题等。

第二，学员出现问题要从容。比如，对于过于安静的员工，可以通过提问打破僵局；对于爱表现的员工既要倾听他的看法，也要果断打断，掌控好培训的时间和节奏。

第三，预先调试设备。培训之前，培训讲师应当提前勘察培训环境。如果在培训过程中，培训设备或其他环境突然出现问题，培训讲师也不要慌乱，应当及时找相关人员处理。在调试过程中，注意稳定课堂秩序。

五、组织技能

培训非常考验培训讲师的组织能力。从培训课程、培训程序和设计，到培训时间、地点，再到受训部门和学员，以及可能发生的意外情况，都需要培训讲师按照严密的计划组织和安排。培训讲师组织能力的高低，影响着入职培训是否能够顺利开展。

六、引导技能

培训讲师培训的目的不是将知识说明白，而是引导员工思考，让员工自己找到知识点，并帮助员工自己建构知识。因此，引导技能也是培训讲师必备的技能之一。引导，其实就是让员工自己从旧知中找到新知。

第五节　培训效果评估

案例：

Y公司销售部门新招聘了几名发单员，其主要工作内容就是在外面散发公司宣传单，给人们讲解公司产品，并索取他们的联系方式，回到公司后把联系方式给电话销售员工。

入职第一天，这几名发单员发了一天的传单，但是却没有拿到几个联系方式。于是，销售部门要求人力资源部组织一次入职培训。培训后，每名发单员每天拿到的联系方式在 20 个左右，有效电话大约有 10 个，业务成交量整整翻了一倍。销售部对此成绩非常满意，在公司会议上着重称赞了人力资源部的员工。

人力资源部对发单员进行培训后，发单员拿到的联系方式和有效电话增加了很多，公司业绩也因此翻倍，可以说人力资源部组织的这场培训效果显著。

入职培训的最终目的是达到预期的培训效果，而培训效果的评定方法就是培训评估，只有做了培训评估，我们才能清楚培训工作有没有价值。如果入职培训没有起到应有的作用，那么对于这次入职培训的投资就属于失败的投资。这时人力资源部就应当及时找到失误的地方，不断改进培训工作，让培训工作变得有价值或更有价值。

一、培训评估的方法

培训评估具体是指运用科学的方法、理论或程序判断培训的意义或价值。按照培训目的和类型的不同，培训评估可以分为四个方面：反应性评估、学习性评估、行为性评估和结果性评估。

1. 反应性评估

反应性评估是指员工对培训工作的反应，包括对培训组织工作的评价、对培训讲师的评价以及对培训内容的评价等。员工的反应性评估是培训效果和培训实用性最直接的反映，因此它对于培训工作的改进至关重要。

获取员工反应性评估的方法有很多，如观察法、座谈法、问卷调查法等。

2. 学习性评估

学习性评估是指参训人员对培训知识、技能和观念的掌握情况。HR在进行这项评估时，可以通过笔试、案例分析、技能操作、情景模拟等方式，来考察新员工培训前后的差距以及培训的效果。

3. 行为性评估

行为性评估指的是观察参训新员工培训前后的变化，判断新员工有没有把培训过程中掌握的知识、技能运用到实际工作中去。

行为性评估一般是由新员工的平级或上级根据新员工培训前后的行为来判定，其实施方式主要有行为观察法、360度评价法、访谈法、考核法等。

4. 结果性评估

结果性评估是指判断入职培训是否达到了预期的效果，是否提高了公司的业绩。如果新员工通过培训得到了一定的改变，HR还需要评判新员工的改变对公司的经营业绩起到的是积极作用，还是消极作用。

二、后期追踪

入职培训结束后，HR还要对新员工进行后期追踪。此行为的目的是了解新员工的工作和思想情况，帮助新员工尽快进入工作岗位，进一步提升新员工工作技能和公司业绩。

后期追踪的主要工作内容包括以下方面。

1. 收集培训心得

要求新员工在培训结束后，撰写培训心得，其内容主要包括培训内容、培训体会、培训建议等。HR 收到培训心得后，加以整理发送给培训讲师和其他相关部门的领导，并要求相关人员就培训心得给出反馈意见。

2. 制订改进计划

培训结束后，新员工需要制订改进计划。在计划中，新员工需要详细写明进入岗位后，运用培训中知识和技能的情况，并确定计划的操作方式和截止日期。

3. 问卷跟踪

培训结束一段时间后，新员工的相关领导需要对新员工的工作态度、工作行为和工作绩效等情况进行评价，并将其评价结果形成问卷，然后反馈给人力资源部。通过问卷跟踪，HR 和相关部门能够了解新员工经过培训后的改进情况。

4. 二次培训

对于培训效果不佳的新员工，HR 需要统计不合格名单，与这些不合格新员工的直接上级或部门主管沟通后，安排其进行二次培训。如果新员工拒绝参加二次培训，HR 可以根据情况考虑是否将其辞退。

第六节　入职培训实用表格

表8－1　某公司培训体系模板

×公司入职培训体系

　　本公司计划在××××年×月×日至×日开展为期×天的新员工培训，现将本次培训体系做以下总结汇报。

　　1. 培训目的

　　为了……（略）。

　　附件：培训计划通知（附件略）。

　　2. 培训对象

　　本次培训对象为公司全体新员工，应到参训人数为××。

　　具体应到名单如下（略）。

　　3. 培训课程

　　此次培训课程包括……（略）。

　　具体日程安排见附件（附件略）。

　　4. 培训督导

　　培训期间，人力资源部通过观察受训员工培训情况，总结学员对培训课程的认可程度，并总结认可度较低的原因。

　　5. 培训考核

　　培训结束后，人力资源部组织新员工进行考试。考试形式为：开卷或闭卷。

　　考试要求见附件（附件略）。

　　6. 奖励办法

　　培训过程中员工有……现象，人力资源部可以按照公司培训纪律和奖惩管理办法，给予学员如下奖励：（略）。

　　7. 惩罚措施

　　培训过程中员工有……现象，人力资源部可以按照公司培训纪律和奖惩管理办法，给予学员如下处罚：（略）。

　　8. 培训评估

　　为了调查本次培训的满意度，在培训结束后，人力资源部组织受训员工对每一位培训讲师进行一次公正公开的不记名问卷调查。统计问卷调查之后，人力资源部需要总结新员工对本次培训的满意程度并提出相应的整改建议。

　　9. 学员跟踪

　　培训完成后，用人部门需要对培训员工进行跟踪，了解员工的工作情况和工作进度，并形成工作总结。

　　10. 培训总结

　　参与培训人员对本次培训进行总结，提出培训需要改进或完善的地方，并明确下一步工作计划。

制定日期：　　　　　　　　　　　　　　　　　　　　　　　制表人：

表 8-2 入职员工受训意见表

培训课程：_____

培训时间：_____

主办部门：_____

说明：

1. 本表请受训学员翔实填写，并请于结训时交予主办部门。

2. 请你给予率直的反映及批评，这样可以帮助我们将来对训练计划有所改进。

（1）课程内容如何？

    A. △优   B. △好   C. △尚可   D. △劣

（2）教学方法如何？

    A. △优   B. △好   C. △尚可   D. △劣

（3）讲习时间是否适当？

    A. △适合   B. △不适合

（4）参加此次讲习感到有哪些受益？

    A. 获得适用的新知识。

    B. 可以用在工作上的一些有效的研究技巧及技术。

    C. 将帮助我改变我的工作态度。

    D. 帮助我印证了某些观念。

    E. 给我一个很好的机会，客观地观察我自己以及我的工作。

（5）训练设备安排感到如何：

    A. △优   B. △好   C. △尚可   D. △劣

（6）将来如有类似的培训，你还愿意参加吗？

    A. △是   B. △否   C. △不确定

（7）其他建议事项：_____

填表日期：   填表人：

表 8-3 反应性评估表

单位：分

问 题	非常好	很好	好	一般	差
1. 你对培训内容的理解程度	5	4	3	2	1
2. 你认为本次培训对工作的帮助程度	5	4	3	2	1
3. 你认为此次培训内容的衔接合理程度	5	4	3	2	1
4. 你认为培训课件的清晰明了程度	5	4	3	2	1
5. 你对本次培训主题的满意程度	5	4	3	2	1
6. 你认为本次培训与你的期望符合程度	5	4	3	2	1
7. 你认为培训讲师的组织能力程度	5	4	3	2	1

（续表）

问　题	非常好	很好	好	一般	差
8. 你对培训案例的满意程度	5	4	3	2	1
9. 你认为培训讲师的专业程度	5	4	3	2	1
10. 你认为培训讲师的语言表达能力程度	5	4	3	2	1
11. 你认为培训讲师的仪容仪表	5	4	3	2	1
培训建议					

填表日期：　　　　　　　　　　　　　　　　　　　　　填表人：

表 8 - 4　新员工培训成绩评定表

填表日期：　　　年　　月　　日

姓　名		专　长		学　历	
培训时间		培训项目		培训部门	
一、新进人员对培训工作项目了解程度如何					
二、对新进人员专门知识（包括技术、语文）评核					
三、新进人员对各项规章、制度的了解情况					
四、新进人员提出改善意见评核，以实例说明					
五、分析新进人员工作专长，判断其适合哪种工作，列举理由说明					
六、辅导人员评语					

总经理：　　　　　　　经理：　　　　　　　评核者：

表 8 - 5　新员工行为评价表

○工作的流程	第一次评价	第二次评价
□1. 了解工作的流程		
□2. 了解公司上下级关系的重要性		
□3. 了解公司横向的联系、合作关系		
□4. 了解与同事间和睦的重要性		
□5. 做一件工作必定有始有终		
○指示、命令的重要性		
□1. 了解上司的指示、命令的重要性		
□2. 将上司的指示、命令记录备忘		

（续表）

○指示、命令的重要性	第一次评价	第二次评价
□3. 指示、命令若有不明了之处，必定确认到懂为止		
□4. 复诵指示、命令，加以确认		
□5. 遵守指示、命令		
○工作的步骤、准备		
□1. 了解工作步骤的重要性		
□2. 了解工作准备得当，进展就顺利		
□3. 了解工作步骤的组织方式		
□4. 了解工作的准备方式		
□5. 按照步骤、准备程序完成工作		
○报告、联络、协商		
□1. 了解报告、联络、协商是工作的重点		
□2. 报告时，先讲结论		
□3. 联络应适时、简要		
□4. 了解协商可以使工作顺利完成		
□5. 即使被挨骂的事也要向上司报告、联络、协商		
○工作的基本		
□1. 学会工作中使用的机器、工具的操作方法		
□2. 了解公司的工作大部分都要靠团队合作来完成		
□3. 了解会议或洽商的重要性		
□4. 了解会议或洽商时应有的态度		
□5. 了解工作上完成期限或交货期的重要性		

评价人：　　　　　　　被评价人：　　　　　　　评价时间：

人才管理和绩效考核工具箱

第九章 薪酬设计：找到一套最适合你的薪酬方案

第一节 薪酬的组成要素

案例：

M公司的几名电工在午饭时闲聊。

其中一位电工对旁边的电工说："听说你们的月薪是3 500元，为什么我们的工资只有2 800元啊？"

这位电工听完，无奈地回答他："我们工资是比你们多，但是我们半年都回不了家啊，天天累死累活，我们还羡慕你们呢，可以天天回家陪老婆孩子。"

另一位电工看到他们垂头丧气的样子，愤愤不平地说："这算什么啊，我们每个月的工资3 200元，但是要每天在种猪场工作，那地方臭气熏天的，根本吃不下去饭。"

正当三位电工抱怨之际，他们的公司领导走了过来，于是三人立刻噤声，停止了讨论。

生活中，我们经常遇到引文这种情况。很多时候我们的工作岗位和内容是一样的，但是工资酬劳却不一样，这其实都是由于岗位之间的差异导致的。

比如，上面故事中的三位电工，其工作特性和环境都有所不同，有的是工作时间长，有的是工作环境恶劣。这些不同的影响因素就是薪酬设计需要考虑的问题。

要设计好员工的薪酬，首先需要认识薪酬和其组成要素。薪酬是由"薪"和"酬"两部分组成的。薪是指员工的薪水，通常包括员工工资、福利、资金、分红等可以用财务数据量化的物质回报；酬是指员工报酬，这一部分通常包括非货币化福利、成就感、发展机遇、其他职位、组织认可等不可以用财务数据量化的精神层面的酬劳。

员工在公司工作最重要的目的就是拿到"薪"并不断为"薪"发挥自身价值，努力工作，所以我们日常所提到的薪酬一般为狭义的薪酬。狭义的薪酬只包括员工得到的物质层面的回报，通常由工资、津贴、奖金三部分构成。

一、薪酬组成要素

按照是否能够被量化，薪酬可以分为有形的、可以用财务数据量化的薪酬和无形的、不可以用财务数据量化的内在价值激励层面的薪酬。

薪酬的组成要素如表 9 - 1 所示。

表 9 - 1 薪酬组成要素示意表

大类	薪酬要素	所属薪酬类别	薪酬总称				
无形的内在价值激励	来自组织的认可	非金钱薪酬	总报酬				
	良好的职业发展通道						
	工作与生活平衡						
有形的可以量化的薪酬	其他法定福利	法定福利	总体雇佣成本				
	住房公积金						
	社会保险						
	其他非法定福利	非法定福利	整体薪酬				
	员工救援计划						
	员工储蓄计划						
	员工养老计划						
	其他各类津贴	总现金津贴					
	交通津贴						
	住房津贴						
	餐费津贴						
	股权激励计划	长期激励	总直接薪酬				
	长期现金计划						
	提成工资	短期激励	总现金				
	绩效奖金						
	固定奖金	固定支付	基本工资				
	司龄工资						
	固定工资						

二、薪酬设计步骤

公司相关人员在设计公司薪酬整体框架时，应当采取多元化原则。这样不仅可以满足人才竞争的要求，而且还能满足企业不同发展阶段的要求。比如，设计奖金时，可以将奖金分为月度奖、年度奖等时间制奖项和个人奖、集体奖等员工制奖项多个类别。

设计薪酬体系的具体步骤如下。

1. 明确薪酬设计原则

薪酬设计原则是其他环节的前提，对薪酬体系有着重要的作用。在设计薪酬体系时，至少要遵循下列五项基本原则：守法原则、公平原则、效率原则、激励原则和需求原则。在此基础上，确定薪酬各组成部分比例。

2. 岗位价值分析

岗位价值分析是设计薪酬体系的基础，它是指企业管理层在业务分析和人员分析的基础上，结合企业的经营目标，确定各部门和各岗位之间的关系，根据企业的组织结构系统图，确定各岗位价值和薪酬范围。

3. 岗位价值评估

评估岗位价值的目的有两个：一是比较企业各职位的重要性，进而形成职位等级序列；二是建立统一的职位评估标准，消除不同企业之间，因为职位名称不同，或者各职位实际工作内容和要求不同产生的差异，确保薪酬的公平性。

岗位价值评估的方法有很多，其中计分比较法比较科学，但是非常复杂。计分比较法首先要确定与薪酬分配有关的评价要素，比如，职位、工作量等，然后给这些要素定义不同的分数。现在国际上比较流行的HAY 模式和 CRG 模式，它们都是采用计分比较法，从若干要素方面对岗位进行全面评估的。

4. 薪酬调研分析

薪酬调研分析的目的在于通过观察同行业或竞争企业的各岗位员工薪酬，确定本企业各岗位薪酬标准。调研过程中，企业要对其他公司上年度的薪酬增长情况、不同薪酬结构对比、不同职位和不同工作要求的岗位薪酬数据、员工奖金和福利状况、未来薪酬走势等数据一一分析，进而将这些数据作为设计薪酬体系的依据。

5. 确定薪酬水平

很多企业会按照不同职位设立薪酬标准，比如，普工工资设为3 000元/月；车间组长工资设为 3 500 元/月；车间主任设为 4 000 元/月等。这种做法在理论上是可行的，但是在实际操作中可能会有一定的困难。

通常，中小型企业的职位等级可达到 11 到 15 级，而大型企业的职位等级则多达 17 级以上。如果企业中每一个职位都有一种独特的薪酬，就会造成薪酬支付混乱现象，同时会对员工管理造成不良影响。

因此，很多公司在确定薪酬水平时，都会把众多类型的薪酬组合成几个等级，每个等级之间都规定一个薪酬变化的范围，其范围的下限为该等级的起薪点，上限为顶薪点。这种薪酬等级制度，可以让员工为了获得某一等级内较高的薪酬而努力，从而激发他们的工作热情。

6. 实施与修正

建立薪酬体系后，公司应当严格执行薪酬体系，以此保证薪酬体系的有效性。另外，公司还需要对影响薪酬体系的内外部环境进行监控，然后及时发现当前薪酬体系存在的问题，并及时进行修正，保证薪酬体系可以有效运行。

第二节　基本工资的分类和设计

案例：

小邓在一家外贸公司上班，这天她与一名做财务的朋友谈起工资的事情。小邓抱怨说："唉，还是你们做财务的比较好，工资比较稳定。我们公司的工资全靠销量，销量少的时候，我们的工资就少得可怜，根本还不起房贷。"

朋友听完，疑惑地问小邓："我听说你们基本工资挺高的啊，就算销量少，基本工资也不会受到影响啊。"

小邓说："基本工资？我们公司一向都是按绩效计算工资的啊。"

朋友笑着说："亏你还工作了这么多年了，连基本工资和绩效工资都分不清，也难怪你总对自己的工资有疑问了。"

通常劳动者的工资是由基本工资和绩效工资构成的，很多人对其中的基本工资有很多疑问，尤其是像小邓这样靠销量吃饭的员工，他们不清楚自己工资的构成，不知道基本工资都包括哪些。

一、基本工资等级

基本工资就是劳动者所得工资额的基本组成部分，它是用人单位按照规定的工资标准支付的。通常，企业是根据员工职位、能力、价值等核定其基本工资的。同一职位员工的工资，可以根据其能力分成不同的等级，如表9-2所示。

表 9-2　某公司员工基本工资层级表

职位阶层	职位划分	基本工资标准	备　注
四类	部门负责人；工作协调管理层；部门经理等	4 000 元	1. 本企业基本工资标准根据相关的法律法规和地方劳动管理条例的管理办法制定。 2. 各个岗位的基本工资标准不能低于社会保险缴费基准。 3. 基本工资标准分为 4 个等级。 4. 基本工资标准应当与绩效考核相结合，绩效考核将决定员工的工资等级以及岗位劳动关系。 5. 基本工资大于上限的部分，列为绩效工资，从绩效工资账户进行发放；没有大于上限的工资，根据工资结构、出勤、岗位等事项进行核定发放
三类	研发工程师；开拓经理；主管等	3 500 元	
二类	技术主管；工艺主管；现场主管等执行人员	3 000 元	
一类	各个部门的辅助人员；技术人员；普工等	2 500 元	

二、基本工资设计

基本工资包括以下三个部分：一是每月岗位的固定工资；二是司龄工资；三是固定奖金。

1. 固定工资设计

固定工资指的是公司在员工保证出勤且不违反国家法律和相关制度规定的前提下，不管员工的工作态度、工作过程和工作成果如何，公司都要给予员工的货币形式的工资。

不同岗位的固定工资标准不同，但在设计时，每个岗位的固定工资标准不能低于当地的最低工资标准和同行业或竞争对手同类岗位固定工资。同时，公司还要考虑岗位最低薪酬水平、岗位无绩效贡献时企业愿意为该岗位付出的最低成本等要素。

2. 司龄工资设计

司龄工资是员工在公司工作一定时间后，公司为了提高员工的忠诚度、增加员工的稳定性，以及表扬员工对公司的劳动贡献的一种货币工资形式。通常，员工与公司签订劳务合同后，公司会以年为单位计算员工应得的司龄工资。

很多公司误把司龄工资当作公司的"救命稻草"，将其当作降低员工流失率的重要工具，这种做法并不明智。司龄工资只是一种象征性的鼓励，其金额不宜设置得过大，通常不得超过固定工资的10%。

企业在设计司龄工资时，经常采用递减式司龄工资或平均式司龄工资。

递减式司龄工资是指随着任职年限的增长，员工司龄工资增加的数额逐年递减。比如，员工入职第一年的司龄工资为每月100元；第二年在100元的基础上增加80元；第三年增加60元……

平均式司龄工资是指员工的司龄工资随着司龄不断地平均增长。比如，员工刚入职第一年的司龄工资为每月100元；第二年司龄工资每月增加30元；第三年司龄工资每月增加50元……

公司一般会设置司龄工资的上限，以此来避免司龄工资无限制增长。此外，司龄工资并非法定工资项目，公司有选择设置与否的权利。

3. 固定奖金设计

固定奖金是指员工在保证出勤，并且不违反相关法律法规的前提下，不论业绩是否达标，均可以获得的奖金。固定奖金可有可无，公司可以根据自身情况选择是否设立。

一般情况下，公司设置固定奖金的目的有以下几点。

（1）鼓励员工

很多公司都遇到过这种情况，员工的工作积极性很高，但是由于各种原因达不到组织想要的成果。这时候，公司可以发放一部分的固定奖金，以此来平衡员工的工资收入，鼓励员工积极向上，努力工作。

（2）奖励员工

如果员工的出勤率很差，公司可以设置全勤奖。只要员工能够保证

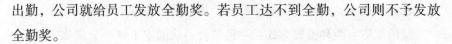

出勤，公司就给员工发放全勤奖。若员工达不到全勤，公司则不予发放全勤奖。

（3）激励员工

有些公司为了激励员工学习，或者取得某种职称、资格证书，获得一定数量的专利，可以设置一部分学历激励奖金。当员工满足激励条件时，公司可以向员工发放相应的激励奖金。

第三节　绩效工资和提成奖金设计

案例：

T公司是一家汽车销售公司，自从进入5月后，业绩持续下降。公司为了提高销售部员工的积极性，决定采用一些激励措施。

业务部经理认为可以选择绩效工资模式，从而提高公司的总体绩效水平；管理层认为提成更符合公司目前状况，能够有效鼓励员工达成公司业绩目标。T公司领导一时不知该如何抉择。

绩效工资和提成奖金都是公司为员工提供金钱激励的形式。要想知道一个岗位到底该采取哪种激励方式，首先要分别了解这两种激励方式。

一、绩效工资

绩效工资与员工的绩效评估结果有着直接的关系，只有员工的业绩达到了预期目标，员工才能得到当期的绩效工资。设计绩效工资可以有效控制经营成本，提高员工满意度和公司的总体绩效水平。

绩效工资有两种设置方式：一种是公司从固定工资中分出来一部分，将其作为员工的绩效工资；另一种是公司在固定工资的基础上额外增加一部分奖金作为绩效工资。无论哪种设置方式，绩效工资总额都在固定工资总额的10%到50%。

案例：

G公司采取基本工资加绩效工资模式计算员工工资。其中，绩效工资为1 000元，员工每月绩效评定结果与绩效工资发放比例如表9-3所示。

表9-3　G公司绩效工资发放比例示意表

绩效评定结果	绩效工资发放比例（％）
优秀	100
良好	90
尚可	80
合格	60
不合格	0

小孙是G公司的技术人员，他的基本工资为每月4 000元，除了绩效工资之外，小孙没有其他收入。近5个月，小孙绩效评定结果以及工资如表9-4所示。

表9-4　小孙近5个月绩效评估结果和工资示意表

	1月	2月	3月	4月	5月
绩效评估结果	合格	优秀	良好	尚可	优秀
绩效工资（元/月）	600	1 000	900	800	1 000
每月应发工资（元/月）	4 600	5 000	4 900	4 800	5 000

绩效工资也有一定的缺点，如果使用不恰当可能会引发员工和管理层之间的冲突，继而产生一定的负面效果。通常，具备以下条件的公司更适合使用绩效工资这种激励方式。

第一，员工具备达成绩效的基本能力；

第二，公司具备严密的绩效评价系统，能够准确、量化地测量员工绩效；

第三，绩效评判的过程必须公正公平；

第四，绩效工资能够为员工带来满足感，达到公司的激励目的；

第五，员工了解绩效与绩效工资之间的关系，相信业绩出色能够得到更高的回报。

二、提成奖金

提成奖金指的是与公司某项业绩直接挂钩的奖金，其目的是鼓励员工达成某项业绩目标。

提成奖金的计算公式为：提成奖金 = 提成基数 × 提成比例。其中提成基数为公司的销售额、毛利额、成本额或利润额等指标。

提成奖金一般可以分为固定提成奖金和浮动提成奖金两类。

1. 固定提成奖金

固定提成奖金是指提成奖金数额随着业绩的增长而不断增加。比如，员工的业绩每增加 10 000 元，销售提成增加 1%。

案例：

某房地产销售公司采取固定提成奖金制度，规定员工每月的提成奖金为房屋成交价的 2%。根据此规定，销售部小希近 5 个月的房屋成交额和提成奖金如表 9−5 所示。

表9-5　小希近5个月提成奖金

	1月	2月	3月	4月	5月
房屋成交额（万元）	50	70	100	80	200
月提成奖金额（万元）	1	1.4	2	1.6	4

2. 浮动提成奖金

浮动提成奖金又叫作阶梯式提成奖金，它是指提成奖金额与业绩增长呈阶梯形增长的提成形式。比如，当员工的业绩在10万元以上20万元以下时，其销售提成比例为5%；当员工的业绩达到20万元以上30万元以下时，其销售提成比例为10%。

案例：

B汽车销售公司为了提高员工销售业绩，决定采用浮动提成奖金形式鼓励员工。该公司提成比例如表9-6所示。

表9-6　B公司提成比例表

每月汽车销售数量（辆）	每辆车的提成奖金（元）
5辆以下	100
5~10（包括5辆）	200
10~20（包括10辆）	300
20~40（包括20辆）	350
40辆以上（包括40辆）	400

小何基本工资为3000元，其近5个月的汽车销售量以及根据该公司的销售提成政策获得的提成奖金额如表9-7所示。

表 9 – 7　小何近 5 个月工资表

	1 月	2 月	3 月	4 月	5 月
销售数量（辆）	8	10	3	15	25
月提成奖金额（元）	1 600	3 000	300	4 500	8 750
月工资数额（元）	4 600	6 000	3 300	7 500	11 750

三、绩效工资与提成奖金的区别

绩效工资和提成奖金都属于浮动薪酬部分，它们都是根据员工的业绩而变化的。这两者之间的区别如下所示。

第一，基准不同。绩效工资以固定工资为基准，按照一定的比例来确定绩效工资标准；提成奖金以员工的销售额为基准，销售额越高，提成奖金越多。

第二，依据不同。绩效工资是以员工绩效评估结果为依据发放的；提成奖金是以实际销售额对应的提成比例为依据发放的。

第三，上限不同。绩效工资通常有上限限制，一般员工的绩效工资不能超过固定工资的 50%；提成奖金没有明确的上限，它可以随着销售额不断增长。

第四，要求不同。公司设计绩效工资有一套比较严密的绩效考核和评估系统，并且公司领导者应该掌握绩效管理技能；设计提成奖金的难度比较低，通常只需要准确记录每位员工的销售额数据即可，在管理方面的要求相对比较简单。

第四节　岗位津贴的设计和应用

岗位津贴属于一种辅助工资形式，它是公司为了补偿在特殊的劳动条件或工作环境下工作的员工产生的额外支出。

一、岗位津贴分类

按照岗位津贴的功能，可以将岗位津贴分为五类：岗位性津贴、技术性津贴、年功性津贴、地区性津贴和生活保障性津贴。

1. 岗位性津贴

岗位性津贴是公司给予特殊岗位员工的津贴。常见的岗位性津贴有高温津贴、低温津贴、高空作业津贴、井下作业津贴、出差外勤津贴、班主任津贴、殡葬特殊行业津贴、中夜班津贴、水上作业津贴等。

2. 技术性津贴

技术性津贴是指公司给达到某项技术等级或取得某项技术成果的员工发放的津贴。比如，技术工人津贴、特级教师津贴、特殊教育津贴、技术职务津贴、科研辅助津贴、研究生导师津贴、高级知识分子特殊津贴等。

3. 年功性津贴

年功性津贴是公司为了提高员工忠诚度，增加员工稳定性而设立的一种津贴，这类津贴与司龄工资有着相同的作用，公司在设置时可以选择其中一种使用。护龄津贴、工龄津贴、教龄津贴等都是常见的年功性津贴。

4. 地区性津贴

地区性津贴是指公司为了补偿某些员工在特殊地点工作产生的额外生活费用，以及长期在异地产生的情感缺失，从而设立的一种津贴。比如，海岛津贴、外派津贴、偏远地区津贴、高寒地区津贴等都属于地区性津贴。

5. 生活保障性津贴

生活保障性津贴是指公司为了补偿员工生活所需费用或保障员工基本工资收入而设立的津贴。常见的生活保障性津贴包括服装津贴、住房津贴、交通津贴、租房津贴、卫生津贴、过节津贴、伙食津贴等。

二、岗位津贴的设计

岗位津贴的初衷是给予在特殊岗位或特殊环境下工作的员工一定的补贴。公司在设计岗位津贴时应当树立正确的观念，从而确保岗位津贴的公平公正，避免岗位津贴滥用现象。

设计岗位津贴的具体步骤如下所示。

1. 确定范围

岗位津贴具有针对性，它的发放对象不是全体员工，而是满足特殊岗位或特殊环境要求的员工。公司在确定津贴领取人员的范围时，应当从特殊岗位入手，分析哪些岗位的员工需要这笔津贴，而不是从员工入手，分析哪些员工所在岗位需要这笔津贴，如表9-8所示。

表 9 - 8　某公司高温津贴表

作业环境温度（℃）	每小时补贴数额（元）
X < 30	0
30 ≤ X < 32	10
32 ≤ X < 34	20
X ≥ 34	30

2. 明确发放标准

岗位津贴应该有明确的发放标准，是否给某岗位员工发放岗位津贴取决于该岗位是否满足发放条件。只有某岗位在满足发放条件的情况下，公司才可以给该岗位员工发放相应的岗位津贴。如果某岗位不满足岗位津贴发放标准，公司则不能给该岗位员工发放岗位津贴。

案例：

某建筑公司规定，有露天作业要求的岗位，工作过程中，每当温度超过 34℃（包括 34℃）时，每小时发放 10 元的高温补贴。如果温度不超过 34℃，则不予发放。该岗位 1 名员工在 5 月从事该项工作，每天工作 8 小时，其中有 5 天温度超过 34℃，那么这名员工当月应发的高温补贴为 8 × 10 × 5 = 400（元）。

3. 明确支付方式

公司在设计岗位津贴时，还需要注意岗位津贴的支付方式。通常，公司的岗位津贴是随着员工的工资按月发放的。不过，有些岗位存在特殊性，公司支付这些岗位津贴时，可以选择在员工完成特殊任务之后集中发放。

案例：

某公司规定，所有驻外岗位的员工驻外期间，每月发放 20 000 元人民币的驻外津贴。该津贴发放方式有以下两种：一是随员工月工资发放美元；二是员工回国后随年终奖金一起发放人民币。驻外员工可以根据自身情况，自己选择其中一种方式。

4. 严格执行相关法律法规规定

国家法律和地方法规政策对相关岗位津贴有明确要求的，企业必须按照法律法规的要求设计岗位津贴。

案例：

上海市人力资源和社会保障局在《关于做好本市夏季高温津贴发放工作的通知（沪人社综发〔2016〕23 号)》中明确规定：企业每年 6—9 月安排劳动者露天工作以及不能采取措施将温度降低到 33℃以下的（不含 33℃），应当向劳动者支付夏季高温津贴，标准为每月 200 元。

2020 年 6~9 月，上海市某企业某岗位员工一共露天工作 40 天，其中 6 月有 5 天超过 33℃，7 月有 15 天超过 33℃，那么该员工第三季度的岗位津贴就为 200＋200＝400（元）。

除了以上步骤之外，企业在设计岗位津贴时还需要明确岗位津贴的发起、审批、测算、支付等各个流程。在执行岗位津贴规定期间，公司应当加强津贴发放的监督工作，避免多发少发现象。

第五节　员工福利的设计和应用

案例：

中秋节快到了，人力资源部康经理让小陈设计一份中秋福利方案。小陈想了半天，没有想到好的法子。于是她找到了业务部员工，想征求一下大家的意见。

员工 A 说："发啥都行，就是别发月饼了，每次中秋节的月饼都吃不完，太浪费了。"

员工 B 说："就是，就是，还不如直接发点钱，然后出去吃一顿自己想吃的大餐呢。"

员工 C 说："不会啊，我觉得月饼挺好的，我家孩子特别喜欢吃月饼。"

……

员工各有各的意见，小陈一时不知该如何抉择。

员工福利是劳动报酬的间接组成部分，好福利胜过好薪酬。大到年节福利，小到生日会、下午茶等，公司提供的各种福利，能够更好地吸纳和留住人才，增强员工的归属感和满足感，提升公司绩效。

相关人员针对中小企业的员工福利做过系统的调查，经过调查他们发现，员工普遍对公司的福利不满意，甚至有些员工不知道什么是员工福利，公司给什么就被动接受什么。要想达到预期的效果，公司还需要好好设计员工福利。

一、员工福利分类

员工福利可以分为法定福利和非法定福利两类。

法定福利是相关法律法规明确规定的福利，所有企业都应当遵守和执行这类福利。常见的法定福利包括社会保险、住房公积金、法定节假日、带薪年休假、特殊时期津贴、特殊环境津贴、特殊岗位津贴等。

非法定福利又叫作公司福利，它是公司为了激励员工，根据自身情况自己制定的福利。比如，节假日给员工发放钱或物、为员工建设休闲娱乐设施、为员工提供带薪培训机会、给员工购买商业补充保险等都属于公司福利。

二、员工福利设计

企业的规模、经营状况不同，其员工福利也有所不同。各企业可以根据自身情况、年人均福利费预算以及本企业员工福利的目的，分别设计符合本企业的员工福利计划。根据数据统计，不同层次的企业可选择的员工福利如表9-9所示。

表 9-9　公司福利设计参考表

企业	年人均福利费	公司福利设计目的	可选择的福利项目
创建期或衰退期企业	5 000 元以下	保障基本用人，降低人才流失率	基础培训、购书补助、师徒奖励、商业补充保险、节日礼品、生日礼品、体检、岗位轮换、灵活假期等
成长期企业	5 000~10 000 元	吸引和留住人才	技能培训、拓展训练、团建费用、防暑降温福利、取暖福利、带薪休假、带薪旅游、员工奖学金、婚丧嫁娶慰问费、商业补充保险等
稳定期或经营良好企业	10 000 元以上	稳定人才，传播企业文化	在职教育、出国学习、职称奖励、商业补充养老保险、子女教育费用、医疗疗养费用、家属慰问金、文化娱乐活动、其他福利补贴等

三、弹性福利设计

很多企业员工对企业福利没感觉的原因大致有四种：一是员工企业福利的认知度比较低；二是企业福利种类单一；三是福利周期不合理；四是企业设计福利时缺乏员工的参与。

很多企业设置的员工福利比较死板、单一，员工没有选择的权利，这种福利很难满足员工的福利需求。与传统企业福利相比，弹性福利更符合现代企业。弹性福利又叫作菜单式福利，它是指让员工自己选择和组合福利，满足员工对福利的诉求。

案例：

某公司计划给每位员工发放价值 1 500 元的福利。基于员工之间的差异，公司决定根据员工不同特点，设计不同的福利方案。

比如，35 岁的李女士是公司的财务经理，已经入司 15 年，月薪 8 000 元，有一个 5 岁的女儿。公司为其设计的福利为家属体检、上海迪士尼门票、旅游和新东方幼儿英语培训班。

23 岁的王先生是公司的程序员，入司已经 3 年，月薪 4 000 元，未婚，租房。公司为其设计的福利为单身联谊活动、电影卡、父母节日鲜花慰问、旅游。

案例中的公司将价值 1 500 元的员工福利，按照员工的性别、年龄、职位等差别分成不同的福利方案，这种福利方式就是弹性福利。弹性福利的核心思想就是倾听和满足员工的诉求，一起来设计和实施员工福利。

弹性福利的种类有很多，企业经常使用的弹性福利大概包括以下几类。

1. 补充保险

企业在为员工提供社会保险之外，还可以以福利的方式提供一些商业补充保险。比如，提供大病医疗保险，解决员工在发生大病后没钱治病的忧虑，并帮助员工找到更好的医疗资源。商业补充保险这项福利面向的对象可以是员工本人，也可以是员工的亲属。

2. 节假日福利和活动

节假日福利包括春节、端午节、中秋节等节假日时，企业所发放的各种金钱或物质福利；活动包括企业举办的体育赛事、亲子活动、健身运动、联谊活动等各种活动。弹性福利中的节假日福利和活动可以由员工自行选择或组合。

3. 健康管理

对于某些存在职业病风险的岗位，企业可以为这些岗位的员工提供体检、健康咨询、健身、健康状况分析、疾病预防讲座等员工福利。通过这种福利，员工可以获取有针对性的健康信息，进而改善员工的健康状况。

4. 绩效奖励

绩效奖励是指企业采用科学的方法，全面检测、考核、分析和评价员工的行为表现、工作态度、工作业绩和综合素质，然后通过更加灵活的绩效奖励表彰优秀员工或群体。绩效奖励不止现金奖励这一种方式，员工可以自己选择。

5. 其他福利

除了上述四大类常见的弹性福利之外，还有很多其他福利可以放入弹性福利之中。比如，弹性的工作时间、定制化的年金、取暖费、妇女卫生补贴、生日福利、养老服务计划、少数民族补贴、提供深造机会等。

第六节　常见的错误薪酬模式

薪酬是员工最关心的事情，薪酬模式一旦设置不好，很容易引起"民怨沸腾"。这不，M公司的老总老沈就为此操碎了心。自公司创立之后，老沈推出了很多薪酬模式，但是其结果总是不尽如人意。现在我们就来一起分析一下，老沈到底错在了哪里。

1. 同岗同薪制或同级同薪制

同岗同薪制就是同一岗位的员工拿相同的工资，比如，基层人员的工资每月都是3 000元，研发人员的工资每月都是4 000元，公司管理层人员的工资每月都是5 000元。

同级同薪制则是同一级别的员工拿一样的工资。例如，普通员工工资每月都是 3 000 元，主管人员工资每月都是 4 000 元，经理人员工资每月都是5 000元。

案例：

公司创建之初，老沈觉得同岗同薪模式比较好。于是，老沈把薪资设置成基层员工、研发人员、行政员工、管理层员工等几个层次，每个岗位的员工拿一样的工资。

起初，大家并没有怨言。但过了两个月后，两个研发人员为此闹到了办公室。小王觉得自己有 10 年的工作经验，而小李只是刚毕业的大学生，却和他拿一样的工资，这明显不公平。老沈听完，深觉同岗同薪模式有诸多纰漏。

虽然从组织层面上来看，相同的岗位发一样的工资并无差错。但当不同的员工进入这一岗位后，他们的绩效和贡献程度显然不平衡。像小王这种能者多劳的员工，如果和小李这种刚毕业的小伙子拿一样的工资，当然心里会感到不平衡。

再加上在这种薪酬模式组织下，通常都没有考核。即使有些公司会设置考核方式，但大多会流于形式，并不会对收入产生实质性的影响。可想而知，员工在干好干坏工资都是一个样的情况下，又有几人会竭尽全力为公司效劳呢？

2. 固定薪酬直接改为绩效薪酬

当固定工资不能满足员工的需求时，很多公司就会考虑推行薪酬改革。通常他们会把固定工资一分为二，改为固定工资加绩效工资模式。比如，本来员工的工资是每月 4 000 元，改革后变成每月固定工资 2 000 元，绩效工资 2 000 元。

案例：

老沈经历上次的风波后，也想到了这种方式。于是，老沈大刀阔斧地进行了一场薪酬改革。没想到的是改革之后，员工炸了锅。很多员工都在抱怨，每个月的绩效根本达不到，现在的工资反而比之前的还要少。老沈见此，又没了招数。

绩效工资对于员工来说的确是一种激励招数，不过这种直接把固定工资改成绩效工资的做法是没有任何成效的。因为月度绩效考核很难拿到满分，所以直接把固定工资的一部分放到绩效工资里面，相当于员工每个月的工资都会大打折扣，这样的改革肯定会引起员工的反感。

其实正确的做法是，绩效薪酬应该随着涨工资一起做，用给员工涨工资的那部分作为月度绩效工资。比如，一位员工的月固定工资为4 000元，然后计划给他涨800元，就把这新增的800元作为绩效工资，根据月度绩效考核来进行计算。

3. 无限制的司龄薪酬模式

很多企业为了提高老员工的忠诚度，经常采用无限制的司龄模式。无限制的司龄模式就是按照员工在公司工作的年限，逐年增加员工的工资。这种模式看起来完美无缺，可以提高员工的积极性，但其实也存在很大的隐患。

案例：

老沈也曾尝试过这种模式，并且感受到了很大的困扰。他把清洁工的月工资定为2 500元，然后工龄每增加一年就涨100元。虽然这种模式让大部分的员工忠心耿耿，但若干年后公司新进的清洁工却出现了诸多不满。

这天，老沈新招来的清洁工找到了老沈，哭哭啼啼地向老沈诉苦。只听这位清洁工说，拥有25年工龄的刘姨拿着每月

5 000元的工资，每个月什么也不干，一直指使他们这群新来的
清洁工。他们每天干着更多的活，却只能拿2 500 元，真的委
屈极了。

与新来的清洁工相比，难道倚老卖老的刘姨能够为企业提供更多的
价值吗？显然答案是不能的。这种无限制的司龄模式不仅没有让刘姨始
终忠心，反而让刘姨对这种奖励没有了感觉。这就导致公司的工资成本
不断在增加，但是却始终达不到预期的效果。

如果公司想要给长期在公司的员工以奖励，不妨采用荣誉、福利或
者适当奖励等形式。比如，在年会上设置一个特殊贡献奖，用来奖励10
年以上工龄的员工，然后给这些员工发送精美的奖品等。

由此看来，老沈要想找到合适的薪酬模式，还真的需要百般试炼。
其实老沈设置的这几种方法就是很多公司常见的错误薪酬模式，所以要
想博得公司众多员工的"欢心"，一定要注意避开这些雷区。

第十章　薪资奖金：帮员工算清工资、奖金和所得税

第一节　工资表的规范格式

案例：

这天，业务部高经理气冲冲地走到人力资源部经理办公室，对方经理说："我们部门这个月的工资又错了，好多员工的工资都少算了 500 元。新来的财务部小康真的是太粗心了，这种错误都出现过两次了，你们当初招财务的时候怎么招的啊？"

方经理听完，立即查看了业务部的工资表，发现的确有很多错误，于是赶紧说道："高经理，你先别着急，我们在招人的时候的确有所疏忽。我马上让业务部把你们的工资再核实一遍，对于新来的财务部小康，我们也会尽快处理的。"

在企业中，员工最关注的问题就是自己的工资。工资出错，工资条不清晰，都有可能让员工产生不满，进而怀疑人力资源部，甚至是公司的能力。要想提高员工对企业的满意程度，帮助员工算清工资是很重要

的一步。

一般情况下，员工的工资计算公式为：月实发工资金额＝月应发工资金额－月应减工资金额。

应发工资金额包括员工的岗位工资、绩效工资、提成工资、全勤奖金、加班工资、夜班补助、岗位津贴、保密津贴、其他工资减项。

不同岗位和不同职位员工的各类补助标准有所不同，为了保证计算过程清晰明了，设计工资表时可以将不同的补助标准分别列出。

应减工资金额包括应缴社会保险个人部分、应缴住房公积金个人部分、应缴个人所得税和其他工资减项。

一、工资表格式

帮员工算工资的第一步就是，了解和掌握工资表的规范格式。工资表是直接反映员工工资的表格，也是公司给员工发放工资的依据，如表10－1所示。

表 10－1 员工工资表

年 月 日

部门		职位		姓名		工号		
本月应发工资	岗位工资	绩效工资	提成工资	全勤奖金	加班工资	夜班补助	岗位津贴	保密津贴	其他加项
本月应减工资	养老金	住房公积金	医保金	个人所得税	迟到处置	早退处置	旷工处置	请假处置	其他减项
本月实发工资总额		小写：			大写：				

二、工资表涉税风险

工资不仅关系到员工的利益，还与企业的利益息息相关。尤其是涉及所得税问题，企业的工资表有很多的风险。其中，企业在设计工资表时，一定要注意下列几类涉税风险。

第一，个人所得税是否计算正确。检查个人所得税是否符合税法规定，是否存在人为计算错误或少缴情况。

第二，员工信息是否真实。重点关注工资表涉及的员工是否属于本公司真实的人员，是否存在虚列名册、假发工资现象。

第三，工资是否合理。是否存在减少或逃避税款行为。

第四，是否申报个税。企业工资表上的人员是否全部依法申报了"工资薪金"项目的个人所得税。

第五，是否存在两处以上所得。根据《个人所得税自行纳税申报办法》第十一条第（一）项规定："从两处或者两处以上取得工资、薪金所得的，选择并固定向其中一处单位所在地主管税务机关申报。"个人取得两处以上工资、薪金的，需要自行向固定好的单位所在地税务机关合并申报个人所得税。

第六，是否存在离职人员工资表。公司离职人员、已经死亡人员不能继续申报个税。

第七，免税所得是否合法。检查企业免征个税的健康商业保险是否符合条件、通信补贴免征个税是否符合标准等。

第二节 计时与计件工资计算方法

企业的基本工资算法有两种：一是计时工资，二是计件工资。

一、计时工资

计时工资是指按照员工工作时间、工作繁重程度和技术熟练程度三个要素支付工资的形式。计时工资的数额多少是由员工岗位工资标准和工作时间决定的，员工的岗位工资标准越高，工作时间越长，工资数额就越多。

计时工资按照时间可以划分为月薪制、周薪制、日薪制和小时制。

1. 月薪制

月薪制计算公式有两种：一种为应发工资＝月标准工资－月标准工资换算的日工资额×缺勤天数＋其他工资加项；另一种为应发工资＝月标准工资换算的日工资额×出勤天数＋其他工资加项。

案例：

Y公司采用月薪制发放工资，该公司员工苏倩是技术部主管，其每月标准工资为 6 000 元，住房、交通等岗位津贴共计500 元，全勤奖为 500 元。苏倩 3 月份应出勤天数为 22 天，实际出勤天数为 20 天。

根据以上情况，如果采用第一种计算公式，苏倩 3 月份的工资应该为：6 000 – （6 000 ÷ 22）×（22 – 20）+ 500 = 5 954.55（元）（保留两位小数）。

采用第二种计算公式，苏倩 3 月份的工资应该为：（6 000 ÷ 22）× 20 + 500 = 5 954.55（元）（保留两位小数）。

2. 周薪制

周薪制计算公式有以下两种。

（1）应发工资 = 周标准工资 – 周标准工资换算的日工资额 × 缺勤天数 + 其他工资加项。

（2）应发工资 = 周标准工资换算的日工资额 × 出勤天数 + 其他工资加项。

案例：

苏倩所在公司采用周薪制发放工资，苏倩所在岗位每周标准工资为 1 500 元。5 月第 1 周，苏倩应出勤天数为 5 天，实际出勤天数为 4 天，每周岗位津贴为 200 元。

根据以上情况，如果采用第一种计算公式，苏倩 5 月第 1 周的工资为：1 500 –（1 500 ÷ 5）×（5 – 4）+ 200 = 1 400（元）。

采用第二种计算公式，苏倩 5 月第 1 周的工资为：（1 500 ÷ 5）× 4 + 200 = 1 400（元）。

3. 日薪制

日薪制计算公式为：应发工资 = 日标准工资 × 出勤天数。

4. 小时制

小时制计算公式为：应发工资 = 每小时标准工资 × 出勤小时数。

二、计件工资

计件工资是指公司按照员工完成产品的数量来计算员工报酬的一种工资形式。计件工资适用于销售公司、商贸公司或者劳动密集企业等可以直接计算出员工劳动成果价值的实业公司。

计件工资可以分为：个人计件工资、团队计件工资、集体计件工资和混合计件工资四种。

1. 个人计件工资法

个人计件工资法适用于生产工艺较为简单，可以由单人独自完成全部生产过程的产品。使用个人计件工资法计算工资时，员工的工资总额与员工的个人劳动成果成正比，也就是个人完成的产品数量越多，那么工资就越多。

个人计件工资法的计算公式为：应发工资 =（个人生产的合格品数量 + 因原材料原因产生的不合格产品数量）× 计件单价 + 其他工资加项。

2. 团队计件工资法

如果产品的生产工艺较为复杂，一个员工无法完成整个生产过程，需要多人共同完成时，公司可以采用团队计件工资法计算每名员工的工资。

个人计件工资体现的是每个员工的劳动成果，团队计件工资体现的是整个团队的劳动成果。同理，团队的劳动成果与每名员工的工资也是成正比的，团队劳动成果越多，每名员工的个人工资也就越多。

团队计件工资法的计算公式为：应发工资 = 个人日工资标准 × 实际出勤天数 × 工资分配系数 + 其他工资加项。

其中：

工资分配系数＝团队实得计件工资总额÷团队应得标准工资总额。

团队实得计件工资总额＝（团队生产的合格产品数量＋因原材料原因产生的不合格品数量）×计件单价。

团队应得标准工资总额＝∑（个人日工资标准×实际出勤天数）。

案例：

某车间 A 类产品需要 5 个人共同完成，该车间派 5 名员工完成 A 类产品的生产。4 月份，这 5 名员工共生产了 2 000 件合格产品，另外还有 500 件因为原材料原因产生的不合格产品，每件产品的单价为 10 元，这 5 名员工的日工资标准和实际出勤天数如表 10－2 所示。

表 10－2　某班组日工资标准和出勤天数统计表

姓名	日工资标准（元）	实际出勤天数（天）
张一	200	21
李二	160	19
王三	180	18
周四	170	17
赵五	160	20

按照团队计件工资计算公式，这 5 名员工的工资应为：

团队实得计件工资总额＝（2 000＋500）×10＝25 000（元）。

团队应得标准工资总额＝200×21＋160×19＋180×18＋170×17＋160×20＝16 570（元）。

工资分配系数＝25 000÷16 570＝1.508 8（保留四位小数）。

张一 4 月应发工资＝200×21×1.508 8＝6 336.96（元）。

李二 4 月应发工资＝160×19×1.508 8＝4 586.75（元）（保留两位小数）。

王三 4 月应发工资＝180×18×1.508 8＝4 888.51（元）

（保留两位小数）。

周四4月应发工资 = 170 × 17 × 1.508 8 = 4 360.43 （元）

（保留两位小数）。

赵五4月应发工资 = 160 × 20 × 1.508 8 = 4 828.16 （元）

（保留两位小数）。

3. 集体计件工资法

如果部分产品需要多名员工共同完成，但是该产品产量与员工的能力水平相关程度不大，大部分产品生产程序只是简单的重复性劳动，公司就没有必要一一设置每名员工的日工资标准，只需要采用集体计件法计算工资。

在集体计件工资法中，每名员工的日标准是相同的。这种计算方法简单快捷，可以有效减少财务人员的工作量。

集体计件工资法的计算公式为：应发工资 = 个人实际出勤天数 × 工资分配系数 + 其他工资加项。

其中：

工资分配系数 = 集体实得计件工资总额 ÷ 集体实际出勤天数。

集体实得计件工资总额 =（集体生产的合格产品数量 + 因原材料原因产生的不合格品数量）× 计件单价。

集体实际出勤天数 = ∑个人实际出勤天数。

4. 混合计件工资法

计算既需要团队协作能力又需要员工个人能力这种产业或产品的工人工资时，可以采用混合计件工资法。

混合计件工资法是团队计件工资法和集体计件工资法两者的延伸。使用混合计件工资法，员工个人应发工资的计算公式如下：

个人应发工资 = 定额部分应发工资 + 超额部分应发工资 + 其他工资

加项。

其中：

定额部分应发工资 = 个人日工资标准 × 个人实际出勤天数。

超额部分应发工资 = 个人实际出勤天数 × 超额部分工资分配系数。

超额部分工资分配系数 =（集体实得计件工资总额 − 集体应得标准工资总额）÷ 集体实际出勤天数。

第三节 假期工资计算方法

案例：

月底，财务部忙得不可开交。小周跟同事抱怨："这个月请假的人太多了，病假、婚假、产假，各种假，光是算这些假期工资，我都头大了。"

同事笑着说："你刚来财务部没多久，对公司的请假制度还不了解，等你掌握假期工资计算方法之后，你就会感觉轻松很多。"

假期是指员工不需要从事工作的时间。根据假期的性质不同，员工的假期工资算法也不同。按照员工的请假类型划分，假期工资计算方法可以分为：事假工资计算方法、婚丧假工资计算方法、探亲假工资计算方法、产假工资计算方法、病假工资计算方法等很多种。

下面仅介绍几种比较常见的假期工资计算方法。

一、事假工资计算方法

事假属于不带薪休假，通常以小时或天为计算单位。法律和法规对事假期间的员工工资没有明确的规定，通常是企业在规章制度中自行规定或者和员工在合同中约定。

如果公司实行标准计时工资制，那么其事假工资计算公式应当为：当月事假工资 =（月标准工资÷当月应出勤天数）×事假天数。

二、病假工资计算方法

病假是指员工因患病或者非因工伤，需要停止工作进行治疗的假期。关于病假工资，《企业职工患病或非因工负伤医疗期规定》有以下规定。

企业职工因患病或非因工负伤，需要停止工作医疗时，根据本人实际参加工作年限和在本单位工作年限，给予三个月到二十四个月的医疗期：

（一）实际工作年限十年以下的，在本单位工作年限五年以下的为三个月；五年以上的为六个月。

（二）实际工作年限十年以上的，在本单位工作年限五年以下的为六个月；五年以上十年以下的为九个月；十年以上十五年以下的为十二个月；十五年以上二十年以下的为十八个月；二十年以上的为二十四个月。

劳动部（现人力资源和社会保障部）关于印发《关于贯彻执行〈中

华人民共和国劳动法〉若干问题的意见》的通知（劳动部发〔1995〕309 号）第 59 条规定如下。

> 职工患病或非因工负伤治疗期间，在规定的医疗期间内由企业按有关规定支付其病假工资或疾病救济费，病假工资或疾病救济费可以低于当地最低工资标准支付，但不能低于最低工资标准的 80%。

不同省市对病假工资的具体计算方法有单独规定的，公司应当按照该省市具体规定执行。

> 案例：
> 上海市某公司财务员工小白，5 月份因身体不适请了 5 天的病假。已知该公司财务岗位的该月应出勤天数为 20 天，月标准工资为 8 000 元，除此之外，还有 500 元的岗位津贴。
> 根据《上海市企业工资支付办法》规定，用人单位与劳动者无约定的，假期工资的计算基数统一按劳动者本人所在岗位正常出勤月工资的 70% 确定。
> 根据以上情况，可以计算出小白 5 月份的工资为：（8 000 ÷ 20）× 15 +（8 000 ÷ 20）× 5 × 70% + 500 = 7 900（元）。

三、工伤假工资计算方法

工伤假又叫作"停工留薪期"，它是指员工发生工伤，需要停工进行治疗的假期。在工伤期间，公司需要正常发放员工的工资。

《工伤保险条例》第三十三条、第三十五条和第三十六条对员工工伤期间的工资作出了明确规定。

第三十三条　职工因工作遭受事故伤害或者患职业病需要暂停工作接受工伤医疗的，在停工留薪期内，原工资福利待遇不变，由所在单位按月支付。

停工留薪期一般不超过 12 个月。伤情严重或者情况特殊，经设区的市级劳动能力鉴定委员会确认，可以适当延长，但延长不得超过 12 个月。工伤职工评定伤残等级后，停发原待遇，按照本章的有关规定享受伤残待遇。工伤职工在停工留薪期满后仍需治疗的，继续享受工伤医疗待遇。

生活不能自理的工伤职工在停工留薪期需要护理的，由所在单位负责。

第三十五条　职工因工致残被鉴定为一级至四级伤残的，保留劳动关系，退出工作岗位，享受以下待遇：

（一）从工伤保险基金按伤残等级支付一次性伤残补助金，标准为：一级伤残为 27 个月的本人工资；二级伤残为 25 个月的本人工资；三级伤残为 23 个月的本人工资；四级伤残为 21 个月的本人工资；

（二）从工伤保险基金按月支付伤残津贴，标准为：一级伤残为本人工资的 90%；二级伤残为本人工资的 85%；三级伤残为本人工资的 80%；四级伤残为本人工资的 75%。伤残津贴实际金额低于当地最低工资标准的，由工伤保险基金补足差额；

（三）工伤职工达到退休年龄并办理退休手续后，停发伤残津贴，按照国家有关规定享受基本养老保险待遇。基本养老保险待遇低于伤残津贴的，由工伤保险基金补足差额。

职工因工致残被鉴定为一级至四级伤残的，由用人单位和职工个人以伤残津贴为基数，缴纳基本医疗保险费。

第三十六条　职工因工致残被鉴定为五级、六级伤残的，享受以下待遇：

（一）从工伤保险基金按伤残等级支付一次性伤残补助金，标准为：五级伤残为 18 个月的本人工资，六级伤残为 16 个月的本人工资；

（二）保留与用人单位的劳动关系，由用人单位安排适当工作。难以安排工作的，由用人单位按月发给伤残津贴，标准为：五级伤残为本人工资的 70%；六级伤残为本人工资的 60%，并由用人单位按照规定为其缴纳应缴纳的各项社会保险费。伤残津贴实际金额低于当地最低工资标准的，由用人单位补足差额。

经工伤职工本人提出，该职工可以与用人单位解除或者终止劳动关系，由工伤保险基金支付一次性工伤医疗补助金，由用人单位支付一次性伤残就业补助金。一次性工伤医疗补助金和一次性伤残就业补助金的具体标准由省、自治区、直辖市人民政府规定。

四、产假工资计算方法

产假是指女职工在产期前后可享受的休假待遇。产假属于带薪休假，各企业在女职工产假期间需要发放相应的产假工资。

产假工资的具体标准可以参照《女职工劳动保护特别规定》第五条、第七条和第八条内容。

第五条　用人单位不得因女职工怀孕、生育、哺乳降低其工资、予以辞退、与其解除劳动或者聘用合同。

第七条　女职工生育享受 98 天产假，其中产前可以休假 15 天；难产的，增加产假 15 天；生育多胞胎的，每多生育 1 个婴儿，增加产假 15 天。

女职工怀孕未满 4 个月流产的，享受 15 天产假；怀孕满 4 个月流产的，享受 42 天产假。

第八条　女职工产假期间的生育津贴，对已经参加生育保险的，按照用人单位上年度职工月平均工资的标准由生育保险基金支付；对未参加生育保险的，按照女职工产假前工资的标准由用人单位支付。

女职工生育或者流产的医疗费用，按照生育保险规定的项目和标准，对已经参加生育保险的，由生育保险基金支付；对未参加生育保险的，由用人单位支付。

五、婚丧假、探亲假工资计算方法

婚丧假是指员工本人结婚或者员工的直系亲属死亡时可以依法享受的假期。在员工正常休婚丧假期间，公司应当正常计算员工工资。如果员工超出婚丧假时间标准的假期，公司可以按照事假计算员工工资。

具体婚丧假工资标准可以参照《中华人民共和国劳动法》第五十一条规定。

劳动者在法定休假日和婚丧假期间以及依法参加社会活动期间，用人单位应当依法支付工资。

探亲假是指与父母或者配偶分居两地的员工，每年享有的与父母或配偶团聚的假期。在员工正常探亲假期间，公司应当正常计算员工的工资。员工超出法定探亲假时间标准的假期，公司可以按照事假计算员工的工资。

《国务院关于职工探亲待遇的规定》（国发〔1981〕36 号）第五条对员工探亲假工资作了明确规定。

职工在规定的探亲假期和路程假期内，按照本人的标准工资发给工资。

第四节　加班工资计算方法

加班工资就是我们常说的加班费，它是指员工按照用人单位和工作的需求在规定工作时间之外继续劳动或工作所获得的劳动报酬。企业如果安排员工加班，就要支付相应的加班费。

《中华人民共和国劳动法》第四十四条对加班工资有明确的规定。

有下列情形之一的，用人单位应当按照下列标准支付高于劳动者正常工作时间工资的工资报酬：

（一）安排劳动者延长工作时间的，支付不低于工资的百分之一百五十的工资报酬；

（二）休息日安排劳动者工作又不能安排补休的，支付不低于工资的百分之二百的工资报酬；

（三）法定休假日安排劳动者工作的，支付不低于工资的百分之三百的工资报酬。

各企业在计算加班工资时，要根据自身实际情况来划分。国家的劳动法规将劳动者工时分为标准工时制、综合工时制和不定时工时制三种，这三种工时制加班工资的计算方法各不相同。

一、标准工时制加班工资计算方法

计算加班工资之前，我们首先要厘清两个概念，即制度工作日和制度计薪日。制度工作日为 20.83 天，它是用来判断超时加班的标准；制度计薪日为 21.75 天，它是计算加班工资的标准。

在标准工时制下，员工的加班工资计算公式分别为：

工作日加班工资 = 月工资基数÷21.75÷8×150%×加班小时数；

双休日加班工资 = 月工资基数÷21.75÷8×200%×加班小时数；

法定休假日加班工资 = 月工资基数÷21.75÷8×300%×加班小时数。

案例：

L 公司实行标准工时制，该公司员工小周的月标准工资为 4 500 元，除此之外无其他加项。某年 10 月，小周在工作日加班 6 小时，双休日加班 5 小时，国庆节法定休假日加班 8 小时。

小周 10 月份的加班工资 = (4 500÷21.75÷8×150%×6) + (4 500÷21.75÷8×200%×5) + (4 500÷21.75÷8×300%×8) = 1 112.07（元）（保留两位小数）。

小周 10 月份工资总额 = 4 500 + 1 112.07 = 5 612.07（元）。

二、综合工时制加班工资计算方法

酒店、物业公司等一些特殊行业或企业，往往不可能按照标准工时制营业，因此这些企业大多会申请综合工时制。

综合工时制就是以标准工作时间为基础，以一定的期限为周期，综合计算工作时间的工时制度。使用综合工时制的公司可以以周、月、季、年为单位计算工作时间的周期。不过，这些公司的平均日工作时间和平均周工作时间应当与法定标准工作时间基本相同。

在综合工时制计算周期内，超过总法定标准工作时间的部分应视为延长工作时间，公司应当按照劳动法规定支付加班工资。此外，在综合工时制下，公司延长工作时间的小时数平均每月不得超过 36 小时。

综合工时制加班工资的计算公式为：加班工资 = 月工资基数 ÷ 21.75 ÷ 8 × 150% × 超过标准工作时间的小时数 + 月工资基数 ÷ 21.75 ÷ 8 × 300% × 法定休假日的加班小时数。

案例：

员工小周每月工资为 4 500 元，4 月份小周超过总法定标准工作时间 20 小时，其中清明节上班 8 小时，那么小周 4 月份的综合工时制加班工资为 4 500 ÷ 21.75 ÷ 8 × 150% × (20 - 8) + 4 500 ÷ 21.75 ÷ 8 × 300% × 8 = 1 086.21（元）（保留两位小数）。

三、不定时工时制加班工资计算方法

不定时工时制是一种以劳动者劳动量为计量的工作制度，实行不定时工时制的企业员工没有固定的上下班时间。

采用不定时工时制的企业，除了法定节假日之外，其他时间员工进行工作均不算加班。也就是说，在实行不定时工时制单位或工作岗位工作，除了法定节假日有加班工资之外，其他时间没有加班工资。

不定时工时制的加班工资计算公式为：加班工资 = 月工资基数 ÷ 21.75 ÷ 8 × 300% × 法定休假日的加班小时数。

案例：

L公司某特殊岗位采用不定时工时制加班制度，该公司员工小周为其中一名员工。已知，小周的上班时间为周一到周六的17：00—22：00，法定节假日照常上班，小周的月标准工资为4 500元，除此之外无其他加项。

某年5月份包含1天法定节假日（劳动节），小周当月出勤为全勤，则小周5月份的工资为4 500 + 4 500 ÷ 21.75 ÷ 8 × 300% × 5 = 4 887.93（元）（保留两位小数）。

第五节　个人所得税计算方法

按照相关法律法规，个人取得的工资、劳务报酬、奖金等都需要缴纳个人所得税。在企业人力资源管理方面的个人所得税计算主要包括三个方面：一是员工每月发放的工资；二是劳务人员的报酬；三是个人所得的年终奖。

一、工资个人所得税计算方法

工资是指个人因任职或者受雇而取得的工资、薪金、奖金、年终加薪劳动分红、津贴、补贴以及与任职或者受雇有关的其他所得。

《中华人民共和国个人所得税法》和《中华人民共和国个人所得税法实施条例》规定，个人所得税免征额为5 000元，超过5 000元部分的工资应当按照相应比例缴纳所得税。

一般来说，正式员工每月工资收入个人所得税的计算公式为：应纳税额 = 应纳税所得额 × 适用税率 – 速算扣除数。

其中，应纳税所得额 = 每月收入 – 5 000（免征额）– 专项扣除（三险一金等）– 专项附加扣除 – 依法确定的其他扣除。

速算扣除数计算方法可参考表 10 – 3。

表 10 – 3　月工资个人所得税适用税率表

级数	全年应纳税所得额	税率（%）
1	不超过 30 000 元的	5
2	超过 30 000 ~ 90 000 元的部分	10
3	超过 90 000 ~ 300 000 元的部分	20
4	超过 300 000 ~ 500 000 元的部分	30
5	超过 500 000 元的部分	35

案例：

居民王某 2020 年每月取得工资 9 500 元，每月专项扣除 1 000 元，享受专项附加扣除 1 500 元，其他收入没有，则 2019 年王某每月预扣预缴的个人所得税税额为：

王某每月应纳税所得额 = 9 500 – 5 000 – 1 000 – 1 500 = 2 000（元），根据上表知王某每月需缴纳的个人所得税 = 2 000 × 5% = 100（元）。

二、劳务报酬个人所得税计算方法

劳务报酬是指个人从事劳务取得的所得，比如，从事设计、装潢、安装、翻译、展览等劳务取得的收入。

劳务报酬与工资的区别在于是否存在雇用关系。存在雇用关系的就是工资，否则就是劳务报酬。

相关法律法规规定，劳务报酬个人所得税的起征点为 800 元。其中，每次收入不超过 4 000 元的免除 800 元费用；收入在 4 000 元以上的，减除 20% 的费用。

4 000 元以下的劳务报酬个人所得税的计算公式为：劳务报酬所得＝（劳务报酬收入 − 800）× 20%。

4 000 元以上劳务报酬个人所得税的计算公式为：劳务报酬所得＝劳务报酬收入 ×（1 − 20%）× 税率 − 速算扣除数。

劳务报酬个人所得税使用税率参考表 10 − 4。

表 10 − 4　劳务报酬个人所得税税率表

级数	每次应纳税所得额		税率	速算扣除数（元）
	含税级距	不含税级距		
1	不超过 20 000 元的部分	不超过 16 000 元的部分	20%	0
2	超过 20 000 ~ 50 000 元的部分	超过 16 000 ~ 37 000 元的部分	30%	2 000
3	超过 50 000 元的部分	超过 37 000 元的部分	40%	7 000

案例：

小杨是一名服装设计师。2020 年 7 月小杨获得劳务报酬 8 000 元，当月没有其他收入。那么，小杨 7 月份应缴纳的个人所得税为：8 000 ×（1 − 20%）× 20% − 0 = 1 280（元）。

三、年终奖金个人所得税计算方法

年终奖是指企业在每年度末给予员工上不封顶的奖金奖励，它是企业对员工一年来的工作业绩的一种肯定。年终奖和工资、劳务报酬一样，也需要缴纳个人所得税。

《国务院税务总局关于调整个人取得全年一次性奖金等计算征收个人所得税方法问题的通知》规定，在 2021 年 12 月 31 日前，年终奖个人所得税可以按照以下两种方法计算。

1. 单独计税

单独计税是指不将年终奖并入综合所得，单独计算所得税。在单独计税方式下，年终奖个人所得税的计算公式为：应纳税额 = 全年一次性奖金收入 × 适用税率 – 速算扣除数。

单独计税方式下，年终奖个人所得税税率可以参照表 10 – 5。

表 10 – 5　年终奖个人所得税税率表

级数	全年应纳税所得额	税率（%）	速算扣除数（元）
1	不超过 36 000 元的部分	3	0
2	超过 36 000 ~ 144 000 元的部分	10	2 520
3	超过 144 000 ~ 300 000 元的部分	20	16 920
4	超过 300 000 ~ 420 000 元的部分	25	31 920
5	超过 420 000 ~ 660 000 元的部分	30	52 920
6	超过 660 000 ~ 960 000 元的部分	35	85 920
7	超过 960 000 元的部分	45	181 920

案例：

小郭是 F 公司的一名员工，他每月工资为 10 000 元，每月个人需缴纳的五险一金为 2 100 元，除此之外没有其他收入。2020 年 1 月，F 公司发放了 50 000 元年终奖给小郭。

按照单独计税方式，小郭年终奖应纳个人所得税 = 50 000 × 10% – 2 520 = 2 480（元）。

2. 并入综合所得

并入综合所得是指将年终奖与工资等收入综合到一起，按照综合所得税计算应纳税额。其计算公式为：应纳税额 =（全年一次性奖金收入 + 综合所得 – 起征点 – 五险一金 – 专项附加扣除等）× 适用税率 – 速算扣除数。

第十一章 绩效考核：不要为了考核而考核

第一节 "拧麻绳"式绩效管理

案例：

这天，人力资源部小田与经理谈话时，问道："宋经理，你说我们人力资源部的工作是不是和后勤的工作差不多？比如，这两个部门都是办理公司的各种行政办公事务。"

宋经理笑着说："你说的也不是完全没有道理，这两个部门的工作的确有些重合。不过，我们人力资源部的工作绝不是简单地给公司打打杂，而是要帮助公司成为市场同类企业中的佼佼者。比如，就绩效管理而言，一个高效可行的绩效管理就能让公司充满激情和活力。"

小田听完，似懂非懂地点点头。

如案例所言，一个高效可行的绩效管理体系可以让公司充满激情和活力。反之，如果公司没有一个有效的绩效管理体系，公司的员工则会像一盘散沙，没有办法凝聚到一起。久而久之，公司的人才就会慢慢流失，其利益也会受到严重损失。

所谓绩效管理，就是公司的全体员工为了达到公司组织目标共同参与绩效计划制订、绩效辅导、绩效考核评价、绩效结果应用和绩效目标提升的完整过程。

换句话来说，绩效管理就好像拧麻绳一样，把公司全体员工拧在一起，劲儿往一处使，共同达到公司的总目标。在完成的过程中，公司先将总目标分解成部门目标，再将部门目标分解成个人目标，员工完成个人目标的程度就是绩效。

绩效管理的目的就是激励员工提高工作业绩，最终实现公司的发展目标。而要实现绩效管理这一目的，有一点需要注意：公司组织目标和员工个人目标具有一致性，公司和员工在此过程中要同步成长，进而形成多赢局面。

一、绩效管理分类

绩效管理按照主题不同，可以分为激励型绩效管理和管控型绩效管理两大类别，如图 11 - 1 所示。这两种绩效管理方法的侧重点不同，前者主要侧重于激发员工工作的积极性，后者主要侧重于员工的日常工作行为规范。

图 11 - 1　绩效管理的类型

公司在发展、成长阶段比较适合采用激励型绩效管理，从而保证员工的留存率。在后期的成熟阶段，公司可以采用管控型绩效管理，其目的是提高员工的工作业绩以及公司的整体效益。

二、绩效管理内容

绩效管理主要包括绩效计划、绩效实施、绩效考核、绩效反馈、绩效改进这五个部分。从绩效计划到绩效考核，从绩效考核到绩效改进，从绩效改进再到新的绩效计划，这是一个完整的绩效管理循环。在此循环过程中，公司全体管理者和员工都要共同参与每一个环节。

1. 绩效计划

绩效计划是绩效管理的第一个环节，它是其他环节的基础。企业在进行绩效管理时，首先要将企业战略分解成具体的任务和目标，然后再分配到每个岗位之中。在此基础上，企业再去分析各个职位和员工。

在制订绩效计划过程中，企业管理者和员工先要搞清在考核周期中，每个岗位和每位员工应该做什么、为什么要这么做以及如何去做这些工作等内容。只有明确了这些内容，企业才能顺利进行绩效管理。

2. 绩效实施

制订完绩效计划之后，就要开始实施绩效管理的具体内容。在此过程中，被考核者应当按照具体的绩效计划开展工作。管理者则需要根据绩效计划的要求，及时监督和指导被考核者，从中发现问题并解决问题。

3. 绩效考核

绩效考核是绩效管理的中心环节，其根本目的在于提高企业的竞争力，增强企业的综合实力。

绩效考核主要包括两个方面的内容：一是工作结果考核；二是工作行为考核。工作结果考核就是对员工在考核期内的每一个工作目标进行评估；工作行为考核就是对员工在考核期内的工作行为和态度进行评估。

4. 绩效反馈

绩效反馈就是将绩效考核的评价结果反馈给被评估的对象，从而让员工能够了解自己当前存在的问题，继而有针对性地进行改正。

绩效反馈的形式多种多样。比如，管理者对员工进行绩效面谈，让员工直接了解到与自身相关的绩效信息，同时管理者了解员工在工作中遇到的困难，然后加以指导和帮助。

5. 绩效改进

绩效改进是指员工了解到自己需要改进的方面之后，选择一个自己想要改进的项目进行绩效改进。管理者通过员工绩效改进的结果，再去制订新一轮的绩效计划。

第二节　中小企业的绩效管理体系构建

企业在构建绩效管理体系时，主要是围绕着企业的发展战略和战略目标进行的。企业通过将整体战略目标分为每一个员工的工作目标，进而促使每个员工积极开展工作，提高个人工作绩效和企业整体绩效。

一、构建绩效管理体系的目的

在构建体系之前，我们首先需要了解构建绩效管理体系的目的。对于中小企业来说，他们构建绩效管理体系的主要目的有以下几点，如表11 -1 所示。

表 11 -1　构建绩效管理体系的目的

构建绩效管理 体系的目的	强化内部激励、监督和约束机制
	提高员工工作质量和工作效率
	推进企业战略目标及经营目标的实现
	改善员工和企业的绩效水平

二、绩效管理体系内容

一个完整的绩效管理体系，通常会包括以下几方面的内容：企业使命、愿景、战略目标和核心价值观；企业目标、绩效计划、绩效文化；绩效考核流程、绩效考核标准；绩效反馈、绩效改进；绩效考核结果应用、绩效优化。

三、构建绩效管理体系流程

构建绩效管理体系是一种非常复杂的过程。在这个过程中，企业不仅要明确绩效管理的预期目标、设计绩效管理的各个环节和制度，还要对管理体系进行试点实施，然后不断进行修正，直到形成完整、有效的绩效管理体系。

构建绩效管理体系主要包括以下几个步骤：绘制企业战略地图；明确战略主题；明确部门职责；建立分析表；落实企业和部门指标；设计指标要素。

1. 绘制企业战略地图

建立绩效管理体系之前，企业首先要梳理企业的发展战略，确认企业的战略地图。

具体来说，企业管理者在这一环节需要做好以下工作：一是明确企业愿景和战略目标；二是分析企业内部资源；三是分析企业的外部环节；四是根据企业的总体发展战略，设计绩效管理计划；五是将企业战略层层分解，并绘制企业战略地图。

2. 明确战略主题

企业的战略主题一般分为发展战略诉求、竞争战略诉求和职能战略诉求三大类。

发展战略诉求的主题为描述企业的业务范围、现有业务组合和产品、选择地域和客户等问题；竞争战略诉求主要描述开展各业务竞争的方法以及竞争手段；职能战略诉求主要描述实施企业战略的具体措施。

具体操作过程中，企业可以运用职责分析法明确企业战略主题。其具体方法为识别企业的企业战略，然后将企业战略分解到各个部门，最后从各个部门中寻找能够驱动企业战略的因素。

3. 明确部门职责

明确部门职责的主要步骤为：企业管理者和各部门主管反复协商部门职责内容，并且保证每项职责都得到部门主管的认可，从而为各部门绩效指标打下基础。同时，企业管理者还要梳理和优化企业价值链流程和组织架构。

4. 建立分析表

企业管理者寻找影响企业战略目标的指标，并分析其中的因果关系，建立因果关系分析表。（如表 11 – 2 所示）

表 11 – 2　因果关系分析表

	战略目标	滞后/结果性指标	领先/驱动性指标
财务			
客户			
内部过程			
学习成长			

5. 落实企业和部门指标

部门指标按照时间可以分为年度指标、半年度指标、季度指标和月度指标等不同类型。在落实环节，企业管理者需要明确哪些指标属于企业层面，哪些属于部门层面。通常，驱动性指标属于部门层面，主要以季度和月度考核为主；滞后性指标属于企业层面，主要以年度考核为主。

6. 设计指标要素

设计指标要素是绩效管理系统中的重要内容，它是指设计每个岗位的绩效考核指标。在企业中，所有的指标都要具体到企业内部的各个岗位之中。

中小企业设计指标要素时，通常有两个步骤：一是设计岗位绩效考核表，二是设计考核指标内容。

岗位绩效考核表主要是将关键绩效指标、工作目标要素、能力态度要素结合在一起。不同的企业对岗位绩效考核表的称呼不同，有的企业称之为岗位目标责任书、KPI 协议书，也有一些企业称之为岗位合约、绩效合约。

考核指标的内容一般包括指标编号、指标设计目的、指标名称、指标定义、指标目标值和指标计分方法等。考核指标的具体内容可以根据企业的具体需求来确定。

第三节　绩效考核方法选择

案例：

这天，老张看了员工的绩效评定后，发现小郭的成绩非常差。于是，老张便把小郭叫到办公室进行面谈。可是，没想到的是，老张还没开口，小郭已经哭得梨花带雨，老张不明所以，只得先问清情况。

一番了解后，老张才明白。原来小郭平时工作很认真，之所以总是完不成工作任务，是因为她的工作需要财务部提供大量的数据支持，而财务部并没有收到各部门数据的汇总，结果小郭只能干着急不出业绩。

大部分公司的绩效考核都只看结果不看过程，这样不免就会出现小郭这样的委屈。如果公司只凭借一张销售单或者业绩评定表就断定员工的绩效，很有可能会导致职场"冤案"的发生。为了避免这种情况，我们在选择绩效方法时一定要慎之又慎。

企业在评定员工绩效时，通常有下列几种方法：行为观察量表考核法、评级量表考核法、360 度绩效考核法、KPI 绩效考核法、平衡计分卡考核法。

一、行为观察量表考核法

行为观察量表考核法又叫作行为观察法、行为评价法或行为比较法，它是美国人力资源方面的专家萨姆和瓦克思在 1981 年提出的。

行为观察量表考核法是基于各项评估指标，将员工表现出的一系列工作行为与评价标准相比较而进行评分的一种考核方法，它比较适用于基层工作员工岗位基本技能和行为表现的测评考察。

行为观察量表考核法的具体内容为，根据被测评人的职责特点，将一些关键行为作为考评项目，然后针对这些行为出现的不同频率规定考核分值。

比如，如果将考核分值定为 0 ~ 5 分。那么 0 ~ 1 分则表示 0 ~ 64% 都能观察到这一行为；2 分表示 65% ~ 74% 都能观察到这一行为；3 分表示

75%～84% 都能观察到这一行为；4 分表示 85%～94% 都能观察到这一行为；5 分表示 95%～100% 都能观察到这一行为。

另外，每一个阶段的考核分值代表着一个等级标准。按照上述考核分值的例子来算，最终被评测人的等级标准会有 A 到 E 五个等级。这五个等级分别为：未达到标准、达到及格标准、达到良好标准、达到优秀标准、达到出色标准。

在实施过程中，我们可以按照以下步骤来进行：

第一，按照被评测人的具体职责分析获取关键事件，并将相似的关键事件进行归纳，组成一组行为标准。比如，被测评者是一名销售人员，我们就可以将服务精神作为评定标准，然后具体分析员工的沟通能力、客户评价等。

第二，根据具体的行为指标形成的考评标准，建立评价等级。如未合格、合格、良好、优秀等。

第三，根据关键事件评定被评测人的行为，判断他人是否能根据工作分析得出关键事件，设计出相同的行为标准。

第四，检验行为观察量表考核法中的每个考评标准和内容是否合理。

二、评级量表考核法

评级量表考核法又叫作量表评价考核法、图表评价尺度法，它是将员工的绩效分成若干项目，然后在量表中将考核的绩效目标和绩效指标表现出来，再将每个绩效指标评价尺度进行划分。

通常，每个绩效指标的评价尺度为 5 级，即优秀、良好、合格、基本合格、差。每个等级对应相应的分数，最后的考

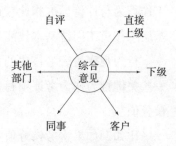

图 11-2　评级量表考核法

核成绩由考核人进行评定，如图 11-2 所示。

评级量表考核法的建构步骤：

第一，设计评级量表，确定评价项目和业绩要素。

评级量表考核法的考核项目主要包括基本能力、业务技能、工作态度三个方面。其中，基本能力包括岗位知识、判断能力、理解能力；业务能力包括表达能力、沟通能力、谈判能力、组织能力、协作能力等；工作态度包括努力程度、认真程度、责任感等。

第二，将业绩要素分成若干等级，然后规定每一业绩要素的分数。

第三，解释说明每一等级分数所表示的含义，以便于评价者理解。

第四，评价者根据被评价者的具体表现，对被评价者的各项能力进行评估打分，然后汇总评价分数，提取最终评价结果。

三、360 度绩效考核法

360 度绩效考核法又称为全方位绩效考核法或者多元绩效考核法，它是指全方位地获取被考核者的信息，然后以此为依据对被考核者进行多维度的绩效评估。

被考核者信息来源渠道有很多。一般来说，企业可以从以下方面收集被考核者信息：本人反馈、上级监督者的反馈、下级反馈、同级和同事的反馈、内部合作部门和内外部服务对象的反馈。

360 度绩效考核法的建构步骤：

第一，确定考核目的。

第二，确定使用条件。360 度绩效考核法具有一定的使用要求，通常比较适用于考核中层干部和职能服务部门业绩以及员工能力素质。

第三，设计问卷。360 度绩效考核法通常使用问卷进行测评。问卷可以采用以下三种形式：一是采用等级量表形式；二是设定开放式问题，由评价者自由发表观点；三是综合以上两种形式。

第四，评估执行。问卷测试完成后，被考核者的上级、下级、同级、本人和其他部门要根据评估标准进行评估。在评估过程中，一般企业会采用匿名评估方式。

第五，结果反馈。被考核者通过评价结果，应当认识自己的优势和不足，并针对不足之处及时查漏补缺。

四、KPI 绩效考核法

KPI 绩效考核法又叫作关键绩效指标考核法，它是指通过对组织内部流程的输入端、输出端的关键参数进行设置、取样、计算、分析，衡量流程绩效的一种目标式量化管理指标的方法。

KPI 绩效考核法是对企业战略目标的分解，它能够明确各部门主要职责和各员工绩效考核指标。企业通过 KPI 绩效考核法，可以明确企业主要经营目标，有效改善员工工作业绩，从而得到长远发展。

KPI 绩效考核法的建构流程：

第一，明确和分解企业战略目标。

第二，确定关键指标。找出关键岗位的关键业绩指标，然后各分管部门以此来建立分管部门的 KPI。

第三，确定工作流程。各部门主管分别分解所在部门的 KPI，确定评价目标要素和流程，明确评价指标体系。

第四，确定职位考核指标。各部门主管根据所在部门的 KPI，确定各职位员工的业绩衡量指标。

第五，确定考核标准。针对考核人员设定业绩达标标准和业绩优秀标准，并明确各项标准评估的方法和过程。

第六，结果反馈。通过评估结果审核 KPI 绩效考核法的客观性和有效性，并及时进行修正。

五、平衡计分卡考核法

平衡计分卡考核法是指从学习成长、内部运营、财务、客户四个角度出发，将企业战略落实为可操作的衡量指标和目标值的一种绩效管理体系，如图 11 – 3 所示。

学习成长层面衡量的是员工的技术再造能力、日常程序管理和日常工作整理能力，主要评价指标包括员工满意度、员工技能培训等。

内部运营层面指标是管理者为了吸引和留住市场客户，满足股东期望而设立的。

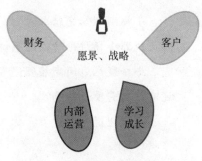

图 11 – 3　平衡计分卡考核法

财务层面指标衡量的是改善企业经营的成果，同时也是企业战略的体现。常见的财务指标有营业额、经济增加值等。

客户层面指标是企业为了明确竞争目标客户和竞争市场而设立的。常见的客户指标包括客户满意度、客户保持率、客户盈利率等。

平衡计分卡考核法的建构流程主要包括以下几步：

第一，建立和明确企业组织战略。

第二，明确客户价值定位。这一步企业管理者需要弄清客户痛点，确定吸引客户的方式方法。

第三，根据企业战略设定平衡计分卡中的关键成功因素，并确定关键测评指标。

第四，实施考核。将公司战略与测评指标相结合，并根据设定好的平衡计分卡对被考核者进行评估。

第五，反馈与修正。根据评估结果检验绩效计划的完成情况，如果企业最终结果没有达到预期，那么则需要分析原因并加以修正。

第四节 绩效效果评估

案例：

小杨刚刚忙完绩效考核的事情，正打算放松一下，尚经理却又找到小杨讨论绩效的事情。

小杨疑惑地问尚经理："绩效考核工作不是已经完事了吗？还有什么需要讲的吗？"

尚经理说："你看，你又犯糊涂了吧，剩下的事情还有好多呢！"

小杨疑惑不解，自己嘀咕着："计划也制订了，实施也完成了，还有什么事情啊？"

尚经理看着小杨犯迷糊的样子，笑着说："一看你就没有好好看资料，考核完了当然还要进行反馈和评估啊！"

小杨问道："啊？反馈和评估也属于绩效管理的范畴啊？"

尚经理耐心地说道："这当然了，今天我就给你好好说道说道绩效反馈和评估这件事吧！"

绩效评估是绩效管理的最终环节，也是非常关键的一个环节，它是指针对被评估者的绩效结果进行评估的过程。

绩效评估的过程主要是评估人通过与被评估人面对面交流，对被评估人的具体情况作出评价，肯定被评估人的付出和劳动成果，同时指出被评估人的不足之处和需要改进的地方。

绩效评估工作一般包括六个阶段，即制订评估计划、确定评估标准和方法、收集数据、分析评估结果、反馈面谈、绩效改进。

一、制订评估计划

在进行绩效评估之前，首先要明确评估目的，然后按照评估目的选择需要评估的对象、内容和时间，并以此为依据制订评估计划。

二、确定评估标准和方法

1. 评估标准

评估标准是指用来分析和考察员工的尺度，一般可以分为绝对标准和相对标准。

绝对标准是指以客观事实为依据，不以考核者的个人意志为转移的标准，如出勤率、文化程度、学历等；相对标准是指针对不同群体制定的标准，比如，某公司规定5%的员工可评为先进员工，那么此时每个人既是被比较的对象，又是比较的尺度，这时管理者不能对每一个员工单独做出优秀与否的评价。

2. 评估方法

绩效评估的方法有很多，当前企业比较常用的绩效评估方法有以下几种。

第一，业绩评定表。业绩评定表就是将各种评估因素分为不同的等级进行评定，如优秀、良好、合格、稍差等。

第二，工作标准法。工作标准法是将员工的工作和企业制定的工作标准相对照，确定员工完成业绩的程度。这种方法通常只考虑结果，不考虑过程，很容易出现评估差错。企业在运用这种方法时，经常与其他方法一起使用。

第三，关键事件法。关键事件法是指记录员工在考核期间所有的关键事件，进而评估这些关键事件的重大积极或消极影响。

第四，排序法。排序法是把一定范围内的员工按照某一标准由高到低进行排列的一种绩效评估方法。此种方法简单易行，不过过于单一，不同部门或岗位之间的员工绩效难以比较。

企业在选择绩效评估方法时，可以按照自身经营情况自由选择一种或多种评估方法。

三、收集数据

绩效评估是一项长期且复杂的工作，尤其是收集数据方面要求很高。人力资源部不仅要随时收集相关数据，还要长期跟踪员工的绩效。

收集数据这一环节可以使用的方法如下所示。

第一，生产记录法。按照规定填写生产、加工、销售、运输等整个生产过程中员工的原始数据，并进行统计。

第二，定期抽查法。定期对各部门员工工作情况进行抽查，进而评定该期间内员工的工作情况。

第三，项目评定法。采用问卷调查的形式，对员工进行逐项评定。

第四，指导记录法。记录员工的工作行为，并且将其主管的意见和员工的反映记录下来。这种方法既能考察普通员工，还能考察企业管理者。

四、分析评估结果

分析评估结果是指根据绩效评估的目的、标准、方法，分析、处理收集的数据，并总结绩效评估效果。

分析评估的具体步骤如下所示：

第一，划分等级。将每一个评估项目按照一定的标准划分成不同的等级。

第二，量化评估项目。量化每一个评估项目，并赋予不同等级不同的分值，从而反映员工的实际绩效。

第三，综合评估结果。将员工的绩效结果采用算术平均法或加权平均法进行综合，总结出最终的评价结果。

五、反馈面谈

绩效评估结果确定之后，管理者与员工或者下属之间需要就绩效评估结果进行沟通、交流，并对员工不足之处加以指导和帮助。

通常，绩效面谈的内容包括以下三个方面：

一是员工总结过去已经发生的绩效情况，检讨不合格的地方，管理者针对此进行教导；二是管理者对现有成绩表示肯定和认可，激励员工保持现在的绩效；三是管理者在员工现有绩效的基础上，分析员工的不足之处并提出改进方案，帮助员工制订改进计划。

六、绩效改进

绩效改进是绩效管理评估结果的应用阶段，它是指采取一系列的行动和措施帮助员工提高工作能力和工作绩效。

为了达到绩效改进的目的，管理者需要帮助员工分析查明绩效不佳的原因并对症下药，协助员工制订有针对性的改进计划，然后督促员工使用适当的方法，不断地提高个人工作绩效和企业整体工作绩效。

第五节　绩效考核实用表格

表 11 - 3　考核等级表

等级		分值	说　明
S	优秀	90分（含）以上	工作绩效始终超越职位常规标准要求，通常具有下列表现：在规定时间之前完成任务；完成任务的数量、质量等明显超出规定的标准；得到各级领导及同事的高度评价
A	良好	75～89分	工作绩效经常超出职位常规标准要求，通常具有下列表现：严格按照规定时间要求完成任务并经常提前完成任务；经常在完成任务的数量、质量上超出规定的标准；得到各级领导及同事的好评
B	尚可	60～74分	工作绩效经常基本保持或偶尔超出职位常规标准要求，通常具有下列表现：在时间、数量、质量上基本达到规定的工作标准
C	需改进	50～59分	工作绩效基本维持或偶尔未达到职位常规标准要求，通常具有下列表现：偶尔有小的疏漏；有时在时间、数量、质量上达不到规定的工作标准
D	不称职	50分（不含）以下	工作绩效显著低于职位常规工作标准的要求，通常具有下列表现：工作中出现重大疏漏或失误；在时间、数量、质量上达不到规定的工作标准

表 11 - 4　考核量化测评标准

考核内容	内容提要	具体表现的分值				自评	上级主管评定	业务经理评定
		很好	较好	一般	较差			
品德 (20分)	忠于公司，维护公司利益	6分	5分	4分	3分			
	团结友爱，和睦相处，互相帮助	5分	4分	3分	2分			
	待人坦诚，谦虚有礼，诚实可靠	4分	3分	2分	1分			
	奉献精神	5分	4分	3分	2分			
工作能力 (30分)	计划性	3.5分	2.5分	2分	1分			
	责任感	4.5分	3.5分	3分	2分			
	组织能力	3.5分	4分	3分	2分			
	处理问题能力	3.5分	2.5分	2分	1分			
	知识面	2.5分	2分	1.5分	1分			
	公关能力	2.5分	2分	1.5分	1分			
	协调沟通能力	2.5分	2分	1.5分	1分			
	判断能力	2.5分	2分	1.5分	1分			
	理解能力	2.5分	2分	1.5分	1分			
	表达能力	2.5分	2分	1.5分	1分			
工作表现 (20分)	团队合作	2.5分	2分	1.5分	1分			
	原则性	2.5分	2分	1.5分	1分			
	积极性	4分	3分	2分	1分			
	服从性	4.5分	4分	3分	2分			
	规章制度	6.5分	5.5分	4分	3分			
工作成绩 (30分)	工作目标完成量	12分	10~11分	8~9分	0~7分			
	工作质量	10分	8~9分	6~7分	0~5分			
	工作效率	8分	6~7分	4~5分	0~3分			
标准总分值		100分						

表 11 - 5　行为观察量表考核法

××公司管理人员考评表
【基本资料】 考评岗位：（　　　）　　　　　　　所在部门：（　　　　　） 被考评者：（　　　）　　　　　　　考评者：（　　　　　）
【考评说明】 考评管理者的行为，用 5 ~ 1 代表下列各种行为出现的频率，评定后填在括号内。 5 分表示 95% ~ 100% 都能观察到这一行为； 4 分表示 85% ~ 94% 都能观察到这一行为； 3 分表示 75% ~ 84% 都能观察到这一行为； 2 分表示 65% ~ 74% 都能观察到这一行为； 1 分表示 0 ~ 64% 都能观察到这一行为； 0 分表示从来没有这一行为。
【考评项目】 团队精神 (1) 大方地传播别人需要的信息；（　　　　） (2) 推动团体会议与讨论；（　　　　） (3) 确保每一个成员的参与经过深思；（　　　　） (4) 为他人提供展示其成果的机会；（　　　　） (5) 了解激励不同员工的方式；（　　　　） (6) 若有冲突，第一时间弄清实质，并及时解决。（　　　　）
【等级划分标准】 合计管理人员团队精神分数，并按照分数划分标准。 A. 10 分以下：未达到标准； B. 11 ~ 15 分：达到合格标准； C. 16 ~ 20 分：达到良好标准； D. 21 ~ 25 分：达到优秀标准； E. 26 ~ 30 分：达到出色标准。 本考评项目等级：（　　　　）
【签字确认】 考评者：　　　　　　　　被考评者：   日期：　　　年　　月　　日

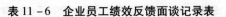

表 11-6 企业员工绩效反馈面谈记录表

单位名称： 面谈时期： 年 月 日

姓名：		部门：		职位：	
任职起算时间		评价区间： 年 月— 年 月			
在工作中有哪些方面较成功？					
在工作中有哪些需要改善的地方？					
是否需要接受一定的培训？					
你认为自己的工作在本部门和全公司中处于何种状况？					
你认为本部门工作最好、最差的是谁？					
你认为全公司谁最好、谁最差？					
你对本次绩效评价有什么意见？					
希望从公司得到怎样的帮助？					
下一步工作和绩效改进的方向是什么？					
备注					
受评人：	面谈人：		审核人：		

注：
1. 此表的目的是了解员工对绩效评价的反馈信息，并最终提高员工的业绩。
2. 绩效评价反馈面谈应在评价结束一周内由上级主管安排，并报人力资源部备案。

表 11-7 绩效改进计划表

绩效改进计划			
改进要项	改进目标	直接上级帮助员工改进绩效须做的事	员工为改进绩效须做的事
考核者		被考核者		日期	
相关说明			
编制人员：		审核人员：		批准人员：	
编制日期：		审核日期：		批准日期：	

表 11-8　一般管理人员年度绩效评价标准

评价项目		评价标准					得分
工作态度（25分）	责任心	消极被动不负责任	有时责任心强，但多数情况下缺乏责任心	有一定的责任心，并敢于对自己的工作负责，知错就改	责任心强，能清楚地知道自己的责任，并勇于负责	对任何事情都有强烈的责任心，且积极付诸行动	
	分值(5分)	1	2	3	4	5	
	积极性	无论怎样督促也不上进，工作挑挑拣拣，避难就易	遇到问题和困难就垂头丧气，不出成果	不知疲倦，不断进取	求知欲强，并把知识用于实践，弥补自己工作中的短处，永不满足，努力提高自身素质	勇于挑战，不畏困难，为实现目标竭尽全力	
	分值(5分)	1	2	3	4	5	
	原则性	原则性差，是非不分，常常拿原则做交易	原则性较差，有时为了情面放弃原则	一般情况下，能坚持原则，但不能硬碰	原则性较强，是非分明，能开展批评与自我批评	原则性强，敢于硬碰，能够同违法乱纪的现象做不懈的斗争	
	分值(5分)	1	2	3	4	5	
	协调性	不推不动，但求自己方便合适	只考虑本职工作，对其他事情不闻不问	理解领导意图，主动为领导分担责任，乐于助人	充分理解群体目标，乐意为群体目标的实现做贡献	不惜牺牲自我，通力合作	
	分值(5分)	1	2	3	4	5	
	纪律性	组织纪律性差，有违法乱纪行为	组织纪律性较差，规章制度执行不严，偶有违纪现象	有一定组织纪律性，能遵守党纪国法和各项规章制度	组织纪律性较强，自觉遵守党纪国法和各项规章制度	组织纪律性强，带头遵守党纪国法和各项规章制度，并督促他人遵守	
	分值(5分)	1	2	3	4	5	

（续表）

评价项目		评价标准				得分
工作能力（30分）	专业知识	缺乏本职专业理论知识	对本职专业理论知识只粗浅了解	一般性掌握本职专业知识	掌握本专业理论知识，具有一定深度	系统全面掌握本职专业理论知识，对某些问题有独立见解，是本专业的行家	
	分值（5分）	1	2	3	4	5	
	本职业务能力	本职业务能力差，难以胜任本部门日常工作	本职业务能力较差，在具体指导下能处理日常工作	本职业务能力一般，能独立处理本部门日常工作	本职业务能力强，能独立处理较复杂的业务工作，是业务骨干	本职业务能力强，能妥善解决本部门关键复杂的业务问题，事业上的带头人或尖子	
	分值（5分）	1	2	3	4	5	
	创新能力	很少有创新，消极，不愿打破现状	少创新，多半墨守成规	有创新，能改进自己的工作；年度创新2项	富有创新，多智谋，态度积极；年度创新3项	时时改进自己，推动创新工作；年度创新4项	
	分值（5分）	1	2	3	4	5	
	决断能力	无魄力，优柔寡断，缺乏主见	魄力小，遇事迟疑，不能当机立断	有一定魄力，能对一般问题做出决断，偶尔有失误	魄力较大，能在较复杂的情况下做出正确的决断	魄力大，有战略眼光，能把握时机，做出高明的决断	
	分值（5分）	1	2	3	4	5	
	沟通能力	谈话说服力差，态度生硬，缺乏谈话技巧，难以被人接受	谈话说服力较差，不善于疏导，有时不易被别人接受	谈话说服力一般，有一定疏导技巧，尚能被别人接受	谈话说服力较强，态度诚恳，善于疏导，说服效果较好	谈话说服力强，谈吐亲切和蔼，语言诙谐幽默，富有魅力，能自然、有技巧地说服别人	
	分值（5分）	1	2	3	4	5	
	书面表达能力	书面表达能力差，文章结构零乱不规范，语病和错别字多	书面表达能力较差，文章不够通顺，有语病	有一定书面表达能力，文字通顺，表达清楚，较少语病	书面表达能力好，文章结构合理，文字简洁	书面表达能力很好，结构严谨，文字流畅、简练、生动，文章质量高	
	分值（5分）	1	2	3	4	5	

（续表）

评价项目		评价标准					得分
	目标完成情况	没完成规定目标	基本上完成规定目标	规定目标完成较好	比规定目标完成得多	比规定目标完成得既好又多	
	分值(15分)	1	5	6~8	9~12	13~15	
工作成绩（45分）	工作效益	没有完成工作目标,工作成绩甚微,常处于落后状态	基本上完成规定目标,工作成绩平常,起色不大,年管理创新2万元	规定目标完成较好,工作有一定成绩,能较好地完成任务,年管理创新5万元	比规定目标完成得多,工作成绩较大,能扭转被动局面,处于领先地位,年管理创新8万元	比规定目标完成得既多又好,工作成绩大,能开创新局面,年管理创新10万元	
	分值(10分)	1	2~3	4~5	6~7	8~10	
	工作质量	工作质量低劣,经常出现差错	一般能完成工作任务,质量处于平均水平	能完成任务,工作质量比较好	按期完成任务,工作质量较高,无重大失误差错	提前完成任务,工作质量突出,无差错	
	分值(10分)	1	2~3	4~5	6~7	8~10	
	工作效率	工作效率低,经常完不成任务	工作效率较低,需要别人帮助才能完成任务	工作效率一般,能按时完成任务,基本保证质量	工作效率较高,能及时保质保量完成任务	工作效率高,完成任务速度快,质量高,效益好	
	分值(10分)	1	2~3	4~5	6~7	8~10	
总分值			工作态度		工作能力		工作成绩

第十二章　激励机制：让正向与反向激励并行

第一节　好的激励是奖励与惩罚并行

案例：

K公司员工迟到问题特别严重，K公司领导为了解决迟到问题，下令每迟到一次罚款200元。然而，一周过去后，迟到的人数并没有下降多少。

K公司领导见此，决定下一剂猛药，于是下令每迟到一次罚款500元。这次迟到的人数减少了，但是当月却有十几名员工离职了。

K公司领导很是不解："不是说负激励也是一种激励方式么，为什么我用负激励一点效果都没有呢？"

现实生活中，很多企业都喜欢用罚款这种方式激励员工，然而其结果往往像引文中的K公司一样，不仅达不到预期效果，公司利益还受到了损失。到底什么样的激励才是好的激励，才能达到预期的效果呢？

激励机制顾名思义就是激励和鼓励的办法，它是指企业在组织生产活动中，根据绩效考评的结果，设定科学合理的薪酬管理制度，借助提拔任用规范和奖罚性措施来激发和引导员工，使员工可以有效实现企业战略目标。

建立激励机制是一项系统性很强的工作，它贯穿于企业管理的全过程。有效的激励可以保证企业一直充满活力，促进企业目标的实现。反之，无效的激励则会给企业带来损失。

按照激励的作用不同，可以将企业机制分为正激励和负激励。正激励体现为奖励，负激励体现为惩罚。企业在建立激励机制的过程中要注意，不要片面地只使用负激励，而要以正激励为主、负激励为辅。

一、正激励

正激励的方法依据历史条件的变化而变化，根据实际情况的不同而不同。大部分企业经常使用的正激励措施大体上有以下几种。

1. 目标激励

企业和员工都有各自的目标，企业的目标是获得可持续发展，而员工的目标是晋职加薪，或者稳定工作。目标激励就是将企业和员工的目标"合二为一"，最终达到双赢。

其具体方法就是结合员工自身状况确定员工的职业目标，明确其未来发展方向，让员工可充满活力地达到企业的最终目标。

制定过程中需要注意以下三点：其一，设定的目标应当清晰可行，使人容易理解，从而提高引导效应；其二，目标需要具有可行性、合理性、时效性，保证员工通过努力可以达到目标，如果目标太低则无须激励，如果目标太高则难以达到效果；其三，保证员工有足够的激情完成目标，营造一定的氛围提高员工的情绪。

2. 金钱激励

金钱激励就是通过奖金、年终奖等方式给予员工在金钱方面的激励，这也是现代企业经常使用的一种激励方式。

金钱激励的确能够起到很大的作用，不过有经济学者证明，金钱的效用在达到一定程度后，其起到的作用是递减的。比如，对于某些人来说，金钱是非常重要的，但对于另外一些不缺钱的人来说，他们并不那么看重金钱。

3. 绩效激励

绩效激励就是企业制定出一套完整的绩效考核制度，让员工了解自己的绩效考评结果，更加清醒地认识自己，从而调动员工的工作积极性。如果员工非常清楚企业对他工作的评价，那么这种激励方式就会对员工产生激励作用。

4. 榜样激励

榜样激励就是将优秀员工树立为榜样，让员工向优秀员工学习。一位优秀的榜样不仅可以提高自身的职业技能，还可以带动其他员工积极工作，从而改善群体的工作风气。从公司的整体发展来说，榜样激励是一种很好的激励措施。

5. 情绪激励

情绪激励包括关心、关怀、尊重等精神层面的激励。企业的管理人员不仅要关注员工的工作情况，还要关注员工的情绪变化。通常，一个亲密、融洽、和谐的氛围更容易激发员工的士气。因此，企业的管理者要重视员工的情绪，善于运用情绪激励法激励员工。

二、负激励

负激励是种惩罚性控制手段，也就是一种带有强制性、威胁性的控制手段。常见的负激励包括批评、降级、惩罚、降薪、淘汰等多种手段。

现代管理理论和实践都表明，在激励机制中，正面的激励往往大于负面的激励，并且越是素质高的员工，负激励对其产生的负面作用越大。这也是开篇我们所说的，公司在实施激励机制时，应当以正面激励为主、负面激励为辅的原因之一。

第二节　销售型企业，项目奖金如何分配？

案例：

H公司销售部历经3个月，终于超额完成了公司的季度销售业绩。到了要发项目奖金的时候，销售部员工都欢欣雀跃。

然而，人力资源部张经理却为此伤透了脑筋。张经理想了好几天，也没有想出来如何核算每位员工的奖金，让所有员工都可以心悦诚服。

奖金发放是很多企业，尤其是销售型企业很头疼的问题。项目奖励直接涉及员工的利益，很难左右平衡。既要实现激励目的，又要保证项目的进度和质量，同时还要确保团队不会分崩离析。项目奖金到底要如何分配，才能同时满足这些条件呢？

其实，简单来说，分配项目奖金有两个核心问题，即"分什么"和

"如何分"。形象一点，我们把项目奖金看作一块蛋糕，那么"分什么"注重的是蛋糕的大小，"如何分"注重的是蛋糕怎么切。

在整个分配过程中，销售收入的高低、成本的多少和净利润的大小会影响项目奖金这块蛋糕的大小，岗位价值、个人贡献度和公司战略则会影响到这块蛋糕如何分配。

一、分配思路

在这些因素的制约下，要想把"蛋糕"分好，有以下几种思路。

思路一：按劳分配。

通常，销售人员、销售助理、售后人员的项目奖金分配比例是固定不变的。比如，完成一个项目后，销售人员可以拿到5%的奖金，销售助理可以拿到3%的奖金，售后人员可以拿到2%的奖金。

然而，这种分配方式忽略了相关销售人员在销售过程中的存在价值。因此，为了保证分配的公平性，我们可以将相关销售人员在销售过程中的个人绩效与项目奖金捆绑在一起。

比如，完成一个项目后，先拿出40%的奖金按照相关销售人员的固定比例分配，然后剩下的60%按照每位员工的个人绩效分配。

其中，销售人员的绩效可以从计划销售任务与实际达成比例、拜访客户的数量、意向客户数量等方面进行评估；销售助理的绩效可以从标书的难易程度、服务的及时性等方面进行评估；售后人员的绩效可以从售后服务的难易程度、客户满意度等方面进行评估等。

最后的绩效得分按照区间设置相应的百分比。这样一来，相关销售人员获得的奖金与他们的付出就可以成正比，即多劳多得、少劳少得。

思路二：单独核算。

单独核算是指先将所有人员作为一个整体，计算出整体的项目奖金，再按照每位员工的绩效单独核算个人奖金。

其中，整体的项目奖金等于销售收入减去工资、水电费、房租、维修费、资产折旧等整体成本。

计算出整体项目奖金之后，先按照岗位计算相关销售人员的基本奖金，然后再根据个人绩效进行二次分配。

二次分配完成之后，公司需要单独核算每位员工的单独集体项目。比如，销售人员按照业务距离的远近，给予一定的销售补助；销售助理可以按照标书的难度和数量给予单独补贴，如超过 5 个标书，每个额外增加一定的补助；售后人员可以按照客户的满意度和表扬等作为额外补助等。

思路三：奖金分层。

如果同时考虑团队的贡献和每个员工发挥的作用差别，可以将项目奖金分为基本奖金和绩效奖金两部分。

基本奖金是销售团队人均奖，这一部分是团队共同合作的成果；绩效奖金是销售团队中每个员工在项目中的贡献奖。基本奖金和绩效奖金比例由销售经理或其他领导指定。

设定好比例之后，首先按照每位员工工作的复杂程度和工作量计算每位员工应当获得的奖金数额。

为了避免每次分配结果都一样，每位员工的具体奖金数额应当随着个人对团队的贡献而浮动，并且整个分配应当公开透明。

二、分配注意事项

项目奖金分配得当，可以激励员工追求卓越。反之，则会让员工感到不满。为了保证分配的公平性，企业在分配过程中还需要注意以下几点。

1. 不要开空头支票

在没有决定好分配方法之前，企业领导千万不要在员工面前开空头支票。如果实际发放的奖金没有之前所说的多，员工就很容易出现不满、懈怠等消极情绪。

2. 设置简单的奖金计划

"要得到奖金，你必须在××日之前向×行业里×规模企业销售×数量的产品 Y，而且平均利润要达到×，平均收入要达到×。"

相信大部分员工看到这句话，都有很多类似这样的疑问：到底我应该怎么做才能拿到这笔奖金，我接下来应该干什么？这就是把奖金设置得太过复杂而导致的结果。

理想情况下，奖金计划应该用一句简单的话就可以解释清楚。比如，"只要你这个月能够超额完成 5% 的任务，你就可以得到 1 000 元的额外奖金。"相信大部分员工看到这句话，都能立刻明白自己怎样才能获得这笔奖金。

3. 将奖金与员工贡献联系到一起

如果想用项目奖金激励员工，必须让员工觉得他们的努力与获得的奖金数额直接相关。如果员工看不到两者之间的联系，不仅不能激励员工，还会带来负面的影响。

比如，工程师们不会因为"股票价格越高项目奖金越多"而更加努力工作。因为员工认为这些奖金与他们没有直接关系，甚至是根本得不到的，所以他们就会降低对公司的期望值。

4. 不要中途改变规则

很多领导在即将发放奖金之际，认为奖金分配制度不公平，于是临时改变规则。这种做法不会让员工看到领导为了分配公平而做的努力，只会让他们认为公司为了省钱而改变规则。因此，设定分配制度时应当十分谨慎，设定完毕后轻易不要改变规则。

第三节　生产型企业，在奖金设置中引入边际理论

案例：

小冯是 E 制造企业某车间的一名工人。该企业规定，每名工人每月生产 50 件产品可以获得 500 元奖金。超过 50 件之后，每 5 件增加 100 元奖金。

第一个月，小冯充满活力，一共生产了 60 件产品，获得了 700 元奖金；第二个月，由于小冯第一个月体力超支，这个月只生产了 49 件产品，不但没有获得奖金，就连基本工资都没有完全拿到。

心灰意懒之下，小冯的工作态度越来越消极。

奖金是一种激励机制，但为什么引文中的 E 制造企业设置奖金制度后，员工的生产量不升反降呢？这其实是由于边际递减规律造成的。

边际递减规律属于边际理论。边际理论就是假设在其他条件不变的情况下，每增加或者减少一个单位的数量可能产生的效应和人们对该决策的影响的理论。

简单来说，人们的需求有一个边际，减少或增加需求数量，人们的满足感也会随之发生变化。举一个例子来说，小明吃一碗饭就饱了，那么这一碗饭就是一个边际。每增加或者减少饭的数量，小明的满足感就会发生变化。

边际递减规律就是每增加一个单位的数量时，给人们带来的效应也

可以说是满足感就开始下降。

拿上面的例子来说，小明吃一碗饭就饱了，这时他的满足感最强烈；如果你再给他一碗饭，小明吃完后会觉得很撑，这时他不但没有满足感，还会因为过饱产生不适感；如果你再要求小明吃第三碗饭，小明肯定会明智地拒绝，因为他知道那样只能增加他的不适感。

一、边际效应的重要性

对于生产型企业来说，奖金制度设置不当，同样会因为边际递减效应产生负面作用。

拿引文来说，E 企业规定"每名工人每月生产 50 件产品可以获得 500 元奖金。超过 50 件之后，每 5 件增加 100 元奖金"。这一奖金制度看似非常好，但实际上员工的工作精力有限，并不会因为奖金的增加而一直增加工作量，反而会像小冯一样，产生越来越累的不适感，工作量进而也越来越少。

或许有人会怀疑奖金边际递减规律，认为没有人会嫌奖金多。的确，没有人会拒绝丰厚的奖金，但是不会拒绝和奖金的效应是不同的问题。

第一次发奖金时，员工会为此非常兴奋，甚至会欣喜若狂。但第二次发奖金的时候，员工尽管高兴却没有第一次那么兴奋。随着时间的推移和奖金次数的增多，员工对奖金的兴奋度会不断地降低。最后，员工甚至会认为奖金是自己正常应得的工资，并不是一种特殊的奖励。这时，奖金的作用显然已经不复存在。

二、奖金与边际效应的关系

奖金的边际效应对员工的影响很大，要想设置足够合理的奖金制度，还需要了解奖金与边际效应的关系。

第一，奖金数量的大小与边际效应成正比，通常奖金数量越大，边际效应就越大；奖金数量越小，边际效应就越小。比如，10 000 元奖金与1 000元奖金相比，10 000元奖金更让员工满足。

第二，奖金次数和边际效应成反比。在一定的周期中，同类名目的奖金次数越多，边际效应越小。反之，奖金次数越少，边际效应越大。也就是说，如果偶尔发几次奖金，员工则会非常满足；次数多了，员工得到奖金的激情就会慢慢消退，并逐渐把奖金当作自己应得的工资。

第三，个人工资总额的多少决定奖金边际量的大小。不同层次的员工其工资总额不同，而不同的工资总额所对应的边际效应也不同。工资总额大的群体，奖金边际量也大；工资总额小的群体，奖金边际量也小。

例如，同样是 1 000 元奖金，对于高收入者可能没有一点刺激，甚至还会不屑一顾；低收入者则可能会欣喜若狂。

三、设置奖金的方法

奖金边际效应存在一个极限值，超越这个极限值之后，奖金的作用就会大打折扣。生产型企业在设置奖金时，要想避免边际理论带来的负面效应，最简单的方法就是了解员工的工作量边际和奖金边际，然后将奖金控制在员工的边际范围内。只有这样，才能有效提高员工的积极性和工作效率。

根据薪酬选择的边际原则，一般而言，奖金占整个报酬的比例最好在 4.5% 到 10% 之间。

在设置奖金时，还需要注意两个问题。

其一，找到奖金的临界点。由于边际效应是一种心理感受，这种感受在目前情况下是很难测量出来的。因此，企业在分析奖金是否真正发挥了作用以及边际效应的临界点在哪儿时，最好的方法就是使用奖金效应跟踪法。

其二，保持公平。奖金的作用是鼓励先进。工作效率高、贡献大的员工拿到的奖金应该多，反之，工作效率低下的员工收入应该少。如果奖金不以员工绩效为标准，那么努力提高个人绩效的员工就会感到吃亏，从而工作态度消极，工作效率降低。

为此，企业在设置奖金时，应当将员工个人绩效作为衡量奖金多少的因素之一。否则，奖金制度不仅起不到激励员工的作用，反而会导致效率的降低。

第四节　服务型企业，如何计算 服务反馈与奖金激励

案例：

M 餐饮公司某门店的服务质量一直提不上去。客人到门店之后，助理人员不主动跟单接待。此外，大部分员工在上班期间经常玩手机。

该门店店长对此很疑惑：为什么每个月发出去的奖金不少，但是员工的服务态度并没有改善？店长看着该门店的客人一天天流失，开始反思到底什么样的激励机制才适用于服务型企业。

如何激励员工，提高服务质量？这是现在很多服务型企业非常头疼的事情。服务型企业提供的主要产品是服务，而服务没有办法像生产型企业的产品一样，可以提前生产和储藏。服务只能现场提供，基于此服务型企业对员工的要求就会更高。

要想让服务型员工提供稳定甚至是卓越的服务，适当的激励机制是

必不可少的一个环节。在设置激励机制之前，企业还要考虑一个问题：如何计算服务反馈？

生产型企业可以根据员工工作量给予相应的奖励；销售型企业可以根据员工的销售业绩给予相应的奖励。服务型企业如何衡量员工的服务，进而给予员工相应的奖励呢？解决这一问题的方法就是，正确计算服务反馈。

一、服务反馈的计算

员工提供的服务不能像产品、销售业绩一样直接评估出来，而是要通过服务反馈计算员工的服务质量，进而判断员工可以得到多少奖励。

在服务行业，客户的反馈种类繁多，信息量非常大。实际中在评估员工的服务质量时，可以从以下步骤进行。

1. 提炼反馈信息

客户的反馈各式各样，首先要做的就是过滤掉明显没有效用、价值不大的反馈信息。然后，从中筛选出真实可靠、有一定价值的信息，并根据这些信息提炼出客户对员工服务的真实态度和评价。

2. 分析反馈信息

过滤掉无用的反馈信息之后，再分析客户反馈的意义，了解客户反馈信息的背后用意是什么，再把真实的用意记录下来。

例如，采集的反馈中，有客户提出希望在收银台设置折扣信息显示功能。进一步分析这个问题，就会发现客户的真正用意可能是，怀疑员工利用折扣监守自盗，不够诚信。那么，这时公司管理人员就要注意收银人员在服务过程中的诚信问题，并根据收银员的日常行为评判其服务质量。

3. 对服务反馈进行分类

这一步相对比较简单，就是将客户的反馈按照不同岗位进行分类，突出客户对公司各个岗位的满意程度，进而评估各岗位员工的服务质量。

分类的同时，还需要对客户的反馈进行统计。这样做便于找到客户关注的重点岗位，以及公司需要强化的重点区域。

4. 制定服务反馈表格

将客户的反馈制作成表格，利用筛选、排序、查找等功能，定位相应的员工问题，然后利用图表等直观工具展示客户对员工的建议。根据此表，对员工服务质量进行整体评估。

二、奖金激励

优厚的薪酬和奖金激励往往是员工最关心的问题。对于服务型企业来说，恰当使用奖金激励可以有效提高员工工作积极性和服务质量。

其中，股权激励是服务型企业在治理公司时备受欢迎的"锦囊"。股权激励是指企业给予员工一定的股权，使员工享有一定的经济权利。它可以有效激发员工的内在驱动力，进而吸引和留住人才。

> 案例：
> ×咖啡公司用股权激励制度激励自己的员工。在×咖啡公司，员工不叫员工，而叫"合伙人"。也就是说，在×公司工作，就有可能成为×公司的股东。
> 该公司激励制度具体内容为：让每个员工都持股，都成为公司的合伙人，把每个员工和公司业绩联系起来。而获得股票派发的资格也非常简单，一个合伙人一年之内平均每周工作

20 小时，就有机会获得公司的股票。

在这种激励制度下，×公司的全体员工和管理人员每天都充满活力，保持认真负责的工作态度。并且，大部分员工都把加班看作一件快乐的事情，无时无刻不为顾客提供周到的服务。

股权激励方式有很多种，比如，股票期权激励、限制性股票激励、虚拟股票激励、直接持股激励等。企业可以根据自身情况进行选择。

需要注意的是，股权激励要做到"一股就灵"并非一件易事。尤其是在实施过程中，公司还需要注意以下几点。

1. 治理结构

许多企业存在严重的内部控制现象。比如，董事会成员与经营管理层高度重合，致使股权激励变成了董事会自己激励自己的方案。再加上，很多企业缺乏有效的内部监督机制，很容易阻碍股权激励机制的有效实施。

2. 绩效管理

绩效管理是企业实施股权激励制度的前提之一。若想达到股权激励的目的，公司必须要完成绩效管理体系，明确员工每月的绩效，这样才能客观地评估激励对象的工作成效，进而公平分配股权。

3. 完善激励方案

完善的激励方案是实施股权激励的基础。股权分配是否公平，激励方式是否单一，都是影响股权激励方案顺利实施的因素。因此，在实施股权激励计划之前，企业要未雨绸缪，事先制定并完善激励方案，保证股权激励计划可以顺利实施。

第五节　中型企业年终奖的运算公式

案例：

年末，×公司准备给员工发放年终奖，人力资源部杨经理让小周制订一份年终奖计划。小周考虑到×公司是一家中型企业，奖金发多了怕公司入不敷出，奖金发少了怕员工不满意。因此，在奖金额度上小周一直犹豫不决。

思虑良久，小周向老李请教。老李听完小周的苦恼，笑着说："其实中型企业发放年终奖并不难，你只要了解了年终奖的计算方法，无论什么企业的年终奖都可以轻而易举地搞定。"

许多企业年底都会给员工发放年终奖，但在发放时经常会为奖金数额、奖金发放形式犯愁。如果作为一个中型企业，到底该如何测算员工的年终奖呢？

不同的企业和环境，测算年终奖的方法不同，但其逻辑基本相同。就中型企业而言，发放年终奖可以分为以下五步：确定奖金发放基数、确定奖金金额标准、测算部门奖金分配比例、测算部门奖金分配数额、落实岗位和个人奖金数额。

一、奖金发放基数

企业发放年终奖时，往往是根据企业全年的经济效益来确定年终奖的奖金数量。通常，企业确定奖金发放基数的方法有三种。

273

其一，以公司当年净利润作为基数，在此基础上提取一定比例作为奖金基数。其计算公式为：年终奖基数＝公司当年净利润×年终奖发放比例。

其二，采用累进利润法确定提取比例。累进利润法就是将公司利润分为不同利润段，在不同的利润段采用不同的提取比例。采用这种方法计算年终奖时，公司的利润越高，员工拿到的奖金越多。

案例：

×公司采用累进利润法确定年终奖提取比例，其累进利润法奖金提取比例如表12-1所示。

表12-1　×公司累进利润法奖金提取比例表

利润额（万元）	奖金基数提取比例（％）
小于150	0
150～450	5
450～650	10
650～1 000	15
大于1 000	20

如果该公司2020年全年利润为500万元，按照该公司累进利润法奖金提取比例，该公司2020年的年终奖发放基数为：$500 \times 10\% = 50$（万元）。

其三，采用利润率分段法确定年终奖提取比例。该方法只是将企业的利润率分成若干段，不同利润率段提取的年终奖比例不同。公司的利润率越高，员工能够拿到的年终奖越多。

案例：

×公司实行利润率分段法确定年终奖发放基数，其利润率分段法奖金提取比例如表12 - 2所示。

表12 - 2　×公司利润率分段法奖金提取比例

利润率	奖金基数提取比例
小于2%	0
2% ~4%	5%
4% ~8%	10%
大于8%	15%

该公司当年利润为1 000万元，利润率达到了10%，按照该公司年终奖基数提取比例，当年该公司的年终奖发放基数为：1 000 × 15% = 150（万元）。

二、奖金金额标准

如果单纯地用公司当年利润计算奖金数额，企业的年终奖很容易受到公司业绩的影响。比如，一些创立初期的中型企业很有可能当年利润为0甚至为负数，如果仅以公司当年利润计算奖金数额，那么员工则没有年终奖。

比较稳妥的方法是根据奖金基数设定奖金池，每年把一定数量的奖金保留在奖金池中。如果某一年公司业绩下滑，可以从奖金池中提取一部分奖金当作当年奖金，从而避免年终奖骤降的风险。

案例：

×公司处于创立初期，营业利润波动比较大。为了防止年终奖骤降现象出现，该公司从创立时就设置了奖金池。每年公司都会将年终奖基数的50%放入奖金池中，以备不时之需。

该公司近4年年终奖发放情况如表12-3所示。

表12-3　×公司奖金发放情况表

关系	项目	第1年	第2年	第3年	第4年
	当期年终奖基数额度（万元）	100	120	15	50
+	期初奖金池余额（万元）	0	50	85	50
=	可付的奖金池余额（万元）	100	170	100	100
×	支付奖金的比例（%）	50	50	50	50
=	支付奖金额度（万元）	50	85	50	50
	期末奖金池余额（万元）	50	85	50	50

三、部门奖金分配比例

由于企业各部门的工作任务、工作比重、关键程度等方面存在差异，企业在发放年终奖时，应当权衡各部门重要程度，以此来确定各部门奖金分配比例。

1. 确定部门贡献程度

部门贡献程度是指各部门对企业战略贡献的差异，这一指标需要企业根据各部门贡献能力进行评价。介于各部门之间存在协作关系，中型企业在确定各部门贡献程度时，应当避免产生太大的差别。

各部门的贡献程度可以根据公司所处的商业周期、公司战略、经营重点、公司文化、公司营销模式等分为不同的等级。比如，按照经营重点，可以将各部门的贡献程度分为非常相关、比较相关、一般相关、比较不相关、基本不相关五种程度，并计算各部门贡献系数。

2. 设定各部门绩效等级

根据各部门年终绩效考核结果，设定各部门的绩效等级，不同的绩效等级对应不同的绩效系数。

3. 确定权重

由公司最高领导层确定各部门贡献程度和绩效等级之间的权重。

常见的比例权重有以下三种：贡献程度为 40%，绩效等级为 40%；贡献程度为 50%，绩效等级为 50%；贡献程度为 40%，绩效等级为 60%。

四、部门奖金分配数额

设定好各部门年终奖分配之后，需要根据确定的分配比例，计算出各部门分配的奖金总额。

其计算公式为：部门实发奖金数额 = 公司奖金池的额度 × 部门奖金标准基数占比。

其中，部门奖金标准基数占比 = ［（部门全体员工基本工资之和 × 部门奖金分配系数）÷（公司全体员工基本工资之和 × 部门奖金分配系数）］×100%。

五、岗位和个人奖金数额

员工个人年终奖数额需要根据个人绩效考核结果来结算。中型企业通常按照20%、70%、10%的比例界定员工的绩效等级比例。

按照此比例，各岗位绩效系数如表 12 - 4 所示。

表 12 - 4　部门绩效系数表

岗位考核等级	岗位绩效系数	绩效等级参考比例（%）
出色完成（A）	1.4 或 1.5	20
优秀完成（B）	1.1 ~ 1.3	
基本完成（C）	1	70
还需努力（D）	0.7 ~ 0.9	10
还需改进（E）	0.5 或 0.6	

员工个人年终奖的计算公式为：员工个人奖金 = 部门奖金总额 × 员工个人奖金标准基数占比。

其中，员工个人奖金基数占比 = [（员工基本工资 × 岗位分配系数）÷（部门员工基本工资之和 × 岗位分配系数）] × 100%。